巻頭カラー　蘇る千姿万態の世界

人びとが恐れた異貌

『大江山酒呑退治』部分、江戸末期、歌川芳艶、
国際日本文化研究センター

『大江山酒天童子絵巻物』部分、江戸中期（模本）、国立国会図書館

押し寄せる疫病神

伝承の中の鬼狩り

『融通念仏縁起絵巻』部分、鎌倉時代、米・クリーブランド美術館

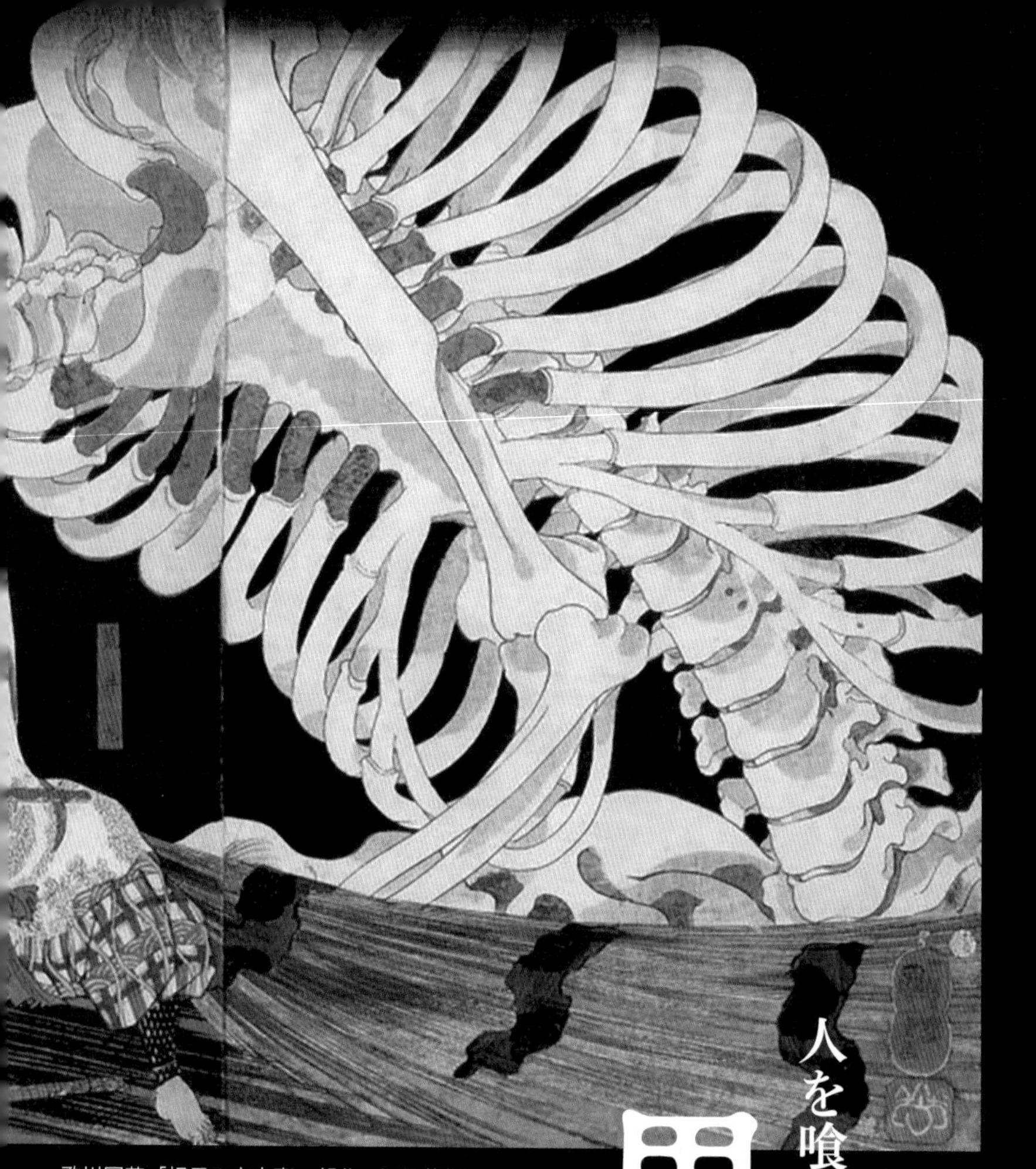

歌川国芳「相馬の古内裏」部分、江戸後期、
国立国会図書館

人を喰らう異形の姿

現代に蘇る
異能の姿

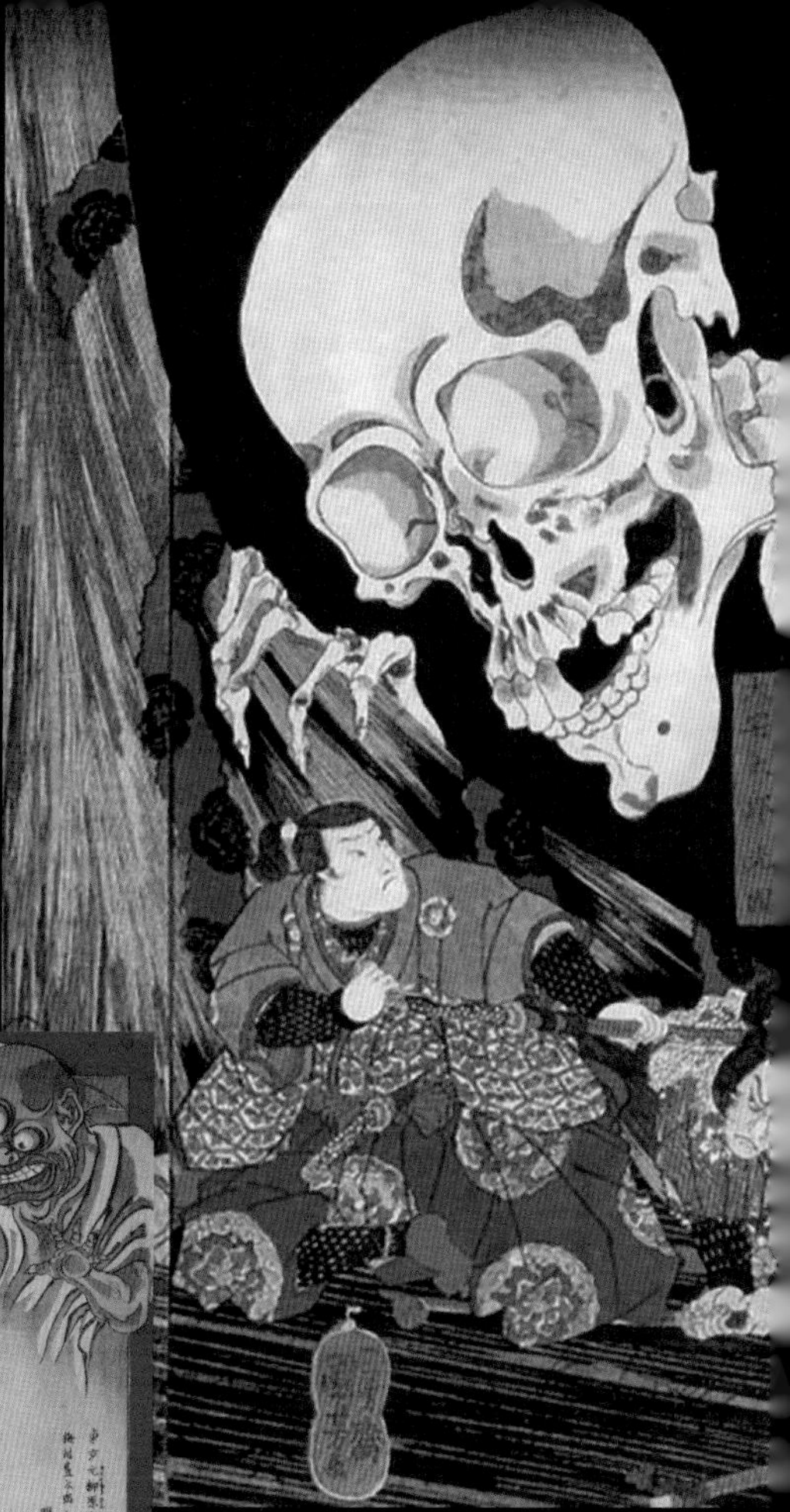

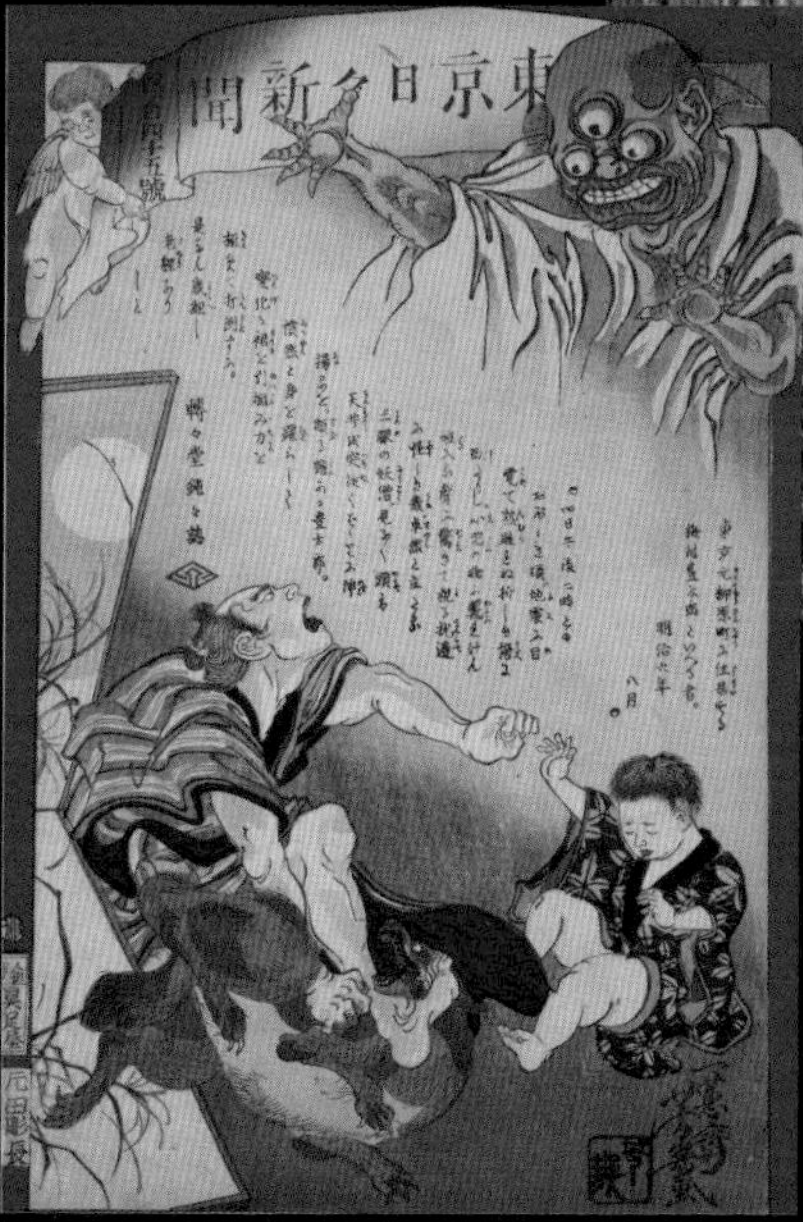

東京日々新聞（四百四十五号）、明治６年、
国立国会図書館

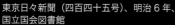

受け継がれる神楽

島根県浜田市

天狗の痕跡

一刀石

奈良県奈良市

奇岩の大渓谷

鬼の舌震

島根県奥出雲町

鬼と異形の民俗学

漂泊する異類異形の正体

國學院大學准教授
飯倉義之 監修

ウェッジ

はじめに

令和の闇に踊る「鬼」

――日本人の心をつかんだ新しい「鬼退治の物語」

元号が令和《れいわ》に替わって三年目の夏が来た。二十一世紀を迎えてからも早二十年が経過、改元で日本社会はまた新たなスタートを切った、はずだった。

しかし令和のスタートは順風満帆とはいかなかった。改元前の二〇一九年一月に熊本地方地震が、二月に北海道胆振《いぶり》地方中東部地震が起こり、夏には大雨・台風が列島を襲い、大きな被害が出た。そうして翌令和二年には新型コロナウィルスの世界的流行が始まったのだ。

春先から日本でも感染が拡大し、二〇二〇年の東京オリンピックは延期された。今現在も新型コロナウィルスの抑え込みに成功しているとは言い難い。また国内では政局の混乱が収まらず、国外からは紛争・政変・クーデターなどの情報が刻一刻と伝わってくる。令和の日本社会と世界情勢はいまだ混迷の内にあるのだ。

この世相において人々に希望を与えた作品がある。吾峠呼世晴《ごとうげこよはる》の漫画作品『鬼滅《きめつ》の刃《やいば》』（集英社）だ。大正時代の日本を舞台として、主人公・竈門炭治郎《かまどたんじろう》と妹・禰豆子《ねずこ》が、鬼狩りを使命とする「鬼殺隊《きさつたい》」に身を投じ、人を喰い、人を鬼に変える「鬼」と戦う物語だ。

二〇一六年に『週刊少年ジャンプ』で連載を開始し、二〇一九年のアニメ化から人気に火が付いた同作は単行本が入手困難になるなど、社会現象ともいえる流行を起こしながらも二〇二〇年に物語を完結し、人気の絶頂期に最終回を迎えた。

そして二〇二〇年のコロナ禍で一斉休業を余儀なくされた映画館が、ソーシャルディスタンスを保つことを条件にようやく再開されたタイミングで公開された『劇場版「鬼滅の刃」無限列車編』は、同年の年間興行収入一位を記録した。『鬼滅の刃』はコロナ禍にあえぐ日本社会に、明るい希望の光を届けてくれたコンテンツとなったことは疑いがない。

令和初期を代表するポピュラー・カルチャーとして記憶されるにふさわしい『鬼滅の刃』だが、その表現技巧やキャラクター造形の見事さ、台詞回しの巧みさなどはさておいて、物語構造に目を向けると、それは実にシンプルで骨太で素朴な骨組みを基にしていることがうかがえる。

『鬼滅の刃』の主人公たちの目標は「鬼を生む〝原初の鬼〟である鬼舞辻無惨《きぶつじむざん》を倒すこと」だ。鬼を倒すことが物語の完成なのである。令和の日本社会に希望を与えた作品は、昔話「桃太郎」の系譜に連なる「鬼退治の物語」だったのだ。

人はなぜ鬼退治を求めるのか。そもそも鬼とは何なのか。

そもそも上古の時代において鬼は穏、隠れたもの、目に見えぬものであった。私たちの生きるこの現世《うつしよ》からはうかがうことのできない不可視の存在であり、その出現は凶事や災害の予兆であった。鬼は災害や疫病、飢饉や戦乱を知らせるモノであった。そうして時代が下り武士の世の中である中世に差し掛かるころ、鬼は災害や疫病、飢饉や戦乱の予兆ではなく、原因と考えられるようになっていった。鬼や中世に勢力を拡大した天狗といった、常人の目には見えない存在が、人間社会に人知れず災いを振り撒いていると考えられるようになっていったのである。

そうした中世に作られたのが鬼退治・天狗退治の物語だった。『酒呑童子絵巻《しゅてんどうじえまき》』では、京の都で狼藉《ろうぜき》を働く神出鬼没の酒呑童子とその配下の鬼たちを、源頼光《みなもとのよりみつ(らいこう)》と配下の四天王らが大江山で見つけ出し、神仏の加護と武力で退治する。『是害坊絵巻《ぜがいぼうえまき》』では、中国から来た不可視の天狗「是害坊」が日本の高僧を誑《たぶら》かそうとする試みを、高僧を守護する仏の使者である、これまた不可視の護法童子《ごほうどうじ》が打ち砕く。

世の中に災いをもたらすのが不可視の鬼などであるならば、英雄がその不可視の鬼を見つけ出し、退治して悪さを止めさせる物語は、禍の終息を望む人々にとっては安寧を与えてくれるものであっただろう。昔話でも鬼は最後には退治されたり、騙されたりしてストーリーから退場していく。それによって物語の人間社会には平穏が戻る。鬼は物語の中で退治されてくれることで、私たちを安心させてくれる存在なのだ。鬼は私たちの不安や怒りを物語の上で引き受けてくれる、哀しくもいとおしい存在なのである。

本書は、そうした鬼をめぐる日本文化の歴史をたどり、また鬼や怨霊、目に見えぬ不安と戦った「鬼殺隊」のイメージソースともいえる歴史上の存在や、単に忌避するだけの存在ではなく、畏怖された鬼の伝承、信仰など、鬼と共にあった日本の民俗文化の一端をたどることを目的としている。

本書が私たちの文化のダークサイドを常に共に歩んでいる鬼たちに対する、読者のより一層の理解の手助けになれば幸いである。

二〇二一年七月

飯倉義之

鬼と異形の民俗学

◆

目次

巻頭カラー　蘇る千姿万態の世界
はじめに　令和の闇に踊る「鬼」
——日本人の心をつかんだ新しい「鬼退治の物語」　3

第一章　鬼と異形の系譜
——古典・伝説に現れた異類たちを読み解く

異形の怪物、ヤマタノオロチ——日本神話にみる鬼の原点　14
歴史に現れた原初の鬼たち——『日本書紀』の中の「まつろわぬ民」としての鬼　23
平安京を跋扈した鬼たち——王朝人を恐れさせた異界からの訪問者　32
オニたちのパレード、百鬼夜行——都の夜を闊歩した闇の異形者たち　45
鬼を操った安倍晴明——鬼気を退散させ、疫病を祓った陰陽師たち　55
平安貴族を苦しめたモノノケ——『源氏物語』が描き出した心の中の鬼　63
兵乱を巻き起こした天狗たち——仏法と王法を妨げる山の魔物　71

大江山の酒呑童子——鬼のイメージを決定づけた中世の英雄譚　84
吉備の温羅伝説——桃太郎の鬼退治の舞台はほんとうに岡山か　94
江戸怪談と鬼女たち——心の闇に巣食う「魔」の形象化　102
コラム1　鬼舞辻無惨と八百比丘尼　110

第二章　日本の闇に蠢く「異形のもの」列伝
——異界からの訪問者を総覧する

土蜘蛛　114
仏教系の鬼　117
雷神　122
天狗　124
憑き物　128
河童　131

ナマハゲ 133
アマビエ 135
コラム2 竈門炭治郎と炭焼長者 138

第三章 呪術者・異能者たちの群像
——怪異と対峙した「鬼殺隊」の原像

陰陽師 142
修験者 146
密教僧 150
イタコ 155
漂泊民 157
鬼退治の行事・祭り 162
コラム3 「全集中の呼吸」と剣術 168

第四章

鬼と出会える聖地
――闇の民俗とパワースポットをめぐる

岩木山――シャーマンに霊感を授けた津軽の鬼が住まう　172
奥三河――夜を徹して行われる鬼の秘祭の里　177
貴船神社と深泥池――鬼の子孫が伝える古社と豆塚　182
八瀬の里――天皇行幸に供奉した鬼の子孫の故郷　187
大峰山・前鬼の里――役小角に仕えた鬼の末裔が暮らす　192
高千穂・阿蘇――神武天皇の一族に遂われた鬼八　197
コラム4　竈門炭治郎と竈門神社　202
主要参考文献　205

第一章

鬼と異形の系譜

——古典・伝説に現れた異類たちを読み解く

異形の怪物、ヤマタノオロチ

――日本神話にみる鬼の原点

◆本来の「鬼」は、「化け物」「妖怪」である

姿は人間に似ているが、頭に角《つの》を生やし、顔は醜悪で、口の左右から牙をはみださせ、筋骨はたくましく、虎の皮のふんどしをしめ、棍棒をもち、怪力をふるって人を襲い、人を喰い殺す、悪の化け物――。

「鬼《おに》」というと、こんなイメージを思い浮かべる人が多いはずだ。

とりわけ、鬼に必須のアイテムとされているのは、頭ににょっきりと生えている禍々《まがまが》しい〝角〟である。

しかし、鬼に対するこのようなイメージが日本人のあいだで定着したのは、歴史的にみると、室町時代以降のことだ。

日本の鬼はこれ以前からさまざまな文献・史料のなかに現れていて、じつは長い歴史をもっている。

たとえば鎌倉時代の絵巻物をみると、「角をもたない鬼」を描くものがある。

さらにさかのぼって奈良時代に編まれた『日本書紀』や『風土記《ふどき》』をひもとくと、そこに「鬼」という語を見出すことはできるが、その容貌についてはあまり細かい描写がない。また、「鬼」という漢字はオニではなく、モノ、カミと読まれることもあった。ちなみに、漢字としての「鬼」は「死者の魂」が原義である。

どうやら、古代の日本人は、禍《わざわい》をもたらす正体不明の怪物や邪神、あるいは王権に服従しない異民族・異邦人のことをひろく「鬼」として観念していたらしい。

妖怪研究の第一人者である民俗学者の小松和彦氏は、日本人にとっての鬼とは「なによりもまず怖ろしいものの象徴」なのであり、そしてまた鬼は「『人間』の反対概念」であり、「日本人が抱く『人間』概念の否定形、つまり反社会的・反道徳的『人間』として造形されたもの」なのだと指摘している（『鬼と日本人』）。

だとすれば、「鬼」という言葉が本来意味した概念は、現代人が「化け物」「怪物」あるいは「妖怪」といった言葉を聞いてイメージするものに近いといえるのかもしれない。

そこで、「鬼」をそのような広い意味にとり――言い換えれば、「鬼」の本来の意味にたちかえり――、「鬼」という用字の有無にかかわらず、その原像を求めて日本神話のなかを探ってみたとしよう。

すると、まず多くの人の頭に思い浮かぶのは、日本神話の怪物の代表格ともいえる、ヤマタノオロチ（八俣遠呂智、八岐大蛇）ではないだろうか。

◆『古事記』のヤマタノオロチ

ヤマタノオロチの神話は、『古事記《こじき》』（七一二年成立）と『日本書紀』（七二〇年成立）の双方に詳しく記されているが、ここでは『古事記』に拠ってそのあらすじを記してみよう。

〈高天原《たかまのはら》を追われて根の国に向かったスサノオノミコト（アマテラスオオミカミの弟神）は、出雲国の肥《ひ》の河（斐伊《ひい》川）の上流の地に天降《あまくだ》った。

そして川をさかのぼってゆくと、アシナヅチ・テナヅチという国つ神の老夫婦が娘のクシナダヒメを前にして悲しみ泣いているところに出くわした。わけを尋ねると、ヤマタノオロチという八頭八尾の巨大な怪物が、これからクシナダヒメを食べにやって来るのだという。

これを聞いてヒメを救おうと思ったスサノオは、まずヒメの身を櫛に変化《へんげ》させて髪に隠し、さらに一計を案じて老夫婦に命じて強い酒を八個の桶に用意させ、ヤマタノオロチを待ち受けた。

やがて八頭八尾のオロチがほんとうにやってくるが、桶に入った酒を飲むと、酔いつぶれて寝てしまった。そこでスサノオは剣を抜き、オロチを切り刻んで斬殺。肥の河は真っ赤な血で染まった。

このときオロチの尾を切り裂くと、中から剣が現れ出たが、スサノオはこれを霊剣とみなしてアマテラスに献上した。これが草薙剣《くさなぎのつるぎ》である。

こうして見事にオロチを退治したスサノオは、出雲の須賀《すが》の地に宮を建て、クシナダヒメを妻にめとり、多くの子孫をもうけた。〉

◆大蛇の「化け物」としてのヤマタノオロチ

ヤマタノオロチの姿については、ここでは仮に「八頭八尾の巨大な怪物」と簡素に記すにとどめたが、原文に則してその姿形をあらためて細かく描写すると、つぎのようになる。

「その目は赤いホオズキのようで、一つの胴体に八つの頭と八つの尾がある。その体には

素戔嗚尊《そさのをのみこと》
出雲《いづも》の簸川上《ひのかはかみ》
に八頭蛇《やまたのおろち》を
退治《たいぢ》し給ふ圖《づ》

ヤマタノオロチ　『古事記』では「八俣遠呂智」、『日本書紀』では「八岐大蛇」と表記されている（月岡芳年『日本略史之内 素戔嗚尊 出雲の簸川上に八頭蛇を退治し給ふ図』、島根県立古代出雲歴史博物館）

日陰蔓《ひかげのかずら》と檜《ひのき》と杉が生え、その長さは八つの谷、八つの峯を渡るほどであり、その腹を見れば、つねに血が垂れただれている」

異様で巨大な、まさしく怪物の姿がイメージされるが、その基本になっているのは身をくねらすあやしげな蛇の姿、蛇体だろう。ちなみに、ヤマタノオロチという名の原義をみると、ヤマタは頭・尾がたくさん分かれていること、オロチは「尾の精霊」というような意味であるという。

蛇というと、とぐろをまく不気味な姿から、現代人には気色悪い生き物にみられがちだ。だが、美しい姫の前に奈良の三輪山《みわやま》の神オオモノヌシノカミが蛇の姿をとって示現《じげん》したという『日本書紀』の挿話が暗示するように、その神秘的な形象、脱皮する生態などゆえに、古代の日本では、蛇は神の化身として崇敬される対象であり、生命力のシンボルとみなされていた。そして、仏教が流入すると、蛇信仰は、仏法守護神あるいは水神としての龍への信仰と習合していったのである。

そんな聖なる神獣が幾重にも連なって怪物化し、人に襲いかかってくるところに、ヤマタノオロチの怪異さ・妖しさ、そして恐ろしさの本質がある。

つまり、ヤマタノオロチは、〝神の荒ぶる化身〟としての「大蛇」の化け物ととらえる

斐伊川　ヤマタノオロチは川の支流や氾濫した川筋の比喩と考えられる（島根県出雲市）

ことができる。

さらに、その化け物の体内から、皇室の三種の神器のひとつとなった草薙剣、つまり王権のシンボルが取り出されたというのも、この神話の重要な要素となっている。

◆記紀が描いた日本の鬼の原像

一般に、大蛇は水神、あるいはその化身とみなされている。

このことから、「ヤマタノオロチとはしばしば氾濫を繰り返した肥の河（斐伊川）の象徴であり、ヤマタノオロチ退治の神話は、人びとを脅かす荒ぶる大蛇＝暴れ河を英雄が制圧し、治水を成功させて、社会に平安をもたらした様を寓意している」という解釈がなされることが多い。

また、出雲は良質の鉄の産地で、斐伊川が砂鉄で赤く濁ることもあったということから、出雲の鉄文化と、斬られたヤマタノオロチの血で川が赤く染まったことや、尾から剣が出現したことを結びつける説もよくみられる。あるいは、斐伊川流域の蛇神信仰がヤマタノオロチ神話には投影されているという見方もある。

あるいはまた、ごく単純にヤマタノオロチを暴悪な異族の比喩ととらえ、この神話全体を、強大な異族の侵略に苦しむ弱小部族を英雄が現れて救ったという太古の出雲で実際に起こった事件を神話的に表現したもの、と解釈することもできるだろう。

このようにさまざまな解釈が成り立つが、「英雄が生贄《いけにえ》を求める怪物を倒して弱者を救い、平穏や幸福を取り戻す」というこの神話の骨格は、これから本書でも紹介する後世のさまざまな鬼退治伝説に共通している。仮にここでヤマタノオロチを鬼に置き換えたとしても、それは神話・説話として十分に成り立つだろう。

そうなると、ヤマタノオロチは日本の鬼の原像、さきがけといえるのではないだろうか。『鬼滅《きめつ》の刃《やいば》』の鬼の首領・鬼舞辻無惨《きぶつじむざん》は、そのからだから蛇のような変幻自在な「管」を幾本も生やすことができるが（第百八十四話）、その邪悪な姿のルーツは、いくつもの首や尾をくねらせる禍々しきヤマタノオロチにまでさかのぼることができるのだ。

歴史に現れた原初の鬼たち

――『日本書紀』の中の「まつろわぬ民」としての鬼

◆化外の民、異民族を「鬼」と呼んだ

神話ではなく、歴史の中では、どこまで鬼の記録をたどることができるだろうか。

日本の史書で「鬼」という語が登場する最古の文献は、養老四年（七二〇）に成立した『日本書紀』である（『古事記』には「鬼」の語は一度も出てこない）。

神話以外の箇所で、「鬼」の語が現れるところに注目してみると、たとえば景行《けいこう》天皇紀にはつぎのような場面がある。

〈東国で反乱が起こったので、天皇は反乱平定に誰を派遣すればよいのかと下問した。すると、皇子のヤマトタケルが手をあげたので、天皇はタケルに斧《おの》と鉞《まさかり》を授け、「東国には山野に邪神や姦鬼《かだましきおに》がいて、多くの人を苦しめている。言葉を巧みに使って荒ぶる神を鎮

め、武を振るって姦鬼を払え」と命じた。〉（景行天皇四十年七月十六日条）

「かだましき（姦）」とは心がねじけて正しくないというような意味だという。景行天皇やヤマトタケルは伝説的な人物だが、この記事からは、天皇の権力が及ばない遠国には悪辣で得体のしれない怪物が跋扈《ばっこ》している、というヤマト王権側が抱いていた世界観が読み取れる。「化外《けがい》の地には鬼がいる」という観念には、化外の民、まつろわぬ民に対する蔑視と恐怖がないまぜになっているともいえよう。

つぎは、だいぶ時代が下って六世紀なかばの欽明《きんめい》天皇の時代。

〈欽明天皇五年十二月、天皇のもとに越国《こしのくに》（新潟県）から、こんな報告があった。

「佐渡島の御名部《みなべ》の海岸に粛慎人《みしはせのひと》がやってきて、一隻の船に乗ってとどまりました。春と夏は漁をして食糧としました。島の人は『人間ではない、オニ（鬼魅）だ』と言って近づきませんでした。島の東の村人はオニにさらわれました。

やがて粛慎人は、神の霊威が強く、人の近づかない瀬波河浦《せなかわのうら》に移りましたが、そこの水を飲むと半分が死に、骨が岩穴に積まれました」〉

「粛慎」は中国では大陸の東北辺境の異民族のことを指すが、『日本書紀』にみえる粛慎は日本の東北地方の朝廷に服さない民族を指すとする説もある。

欽明天皇は通説では五三九〜五七一年の在位で、欽明天皇五年は西暦五四四年にあたる。

現ロシア領の沿海州あたりからツングース系民族が佐渡に漂着したが、言葉も通じず、容

ヤマトタケル　伝説でお馴染みのヤマトタケルは日本各地を征討して回った（月岡芳年『芳年武者无類』、国立国会図書館）

貌が怪異だったので、現地の人に「鬼」と呼ばれて怖がられたのだろうか。

　これは、朝廷側からみた異民族・異邦人を「鬼」と観念した例にあげられるだろう。

◆天皇の葬儀を観察していた謎の鬼

『日本書紀』に登場する鬼をもう一つ紹介しておこう。

斉明《さいめい》天皇七年（六六一）三月、女帝斉明は唐《とう》・新羅《しらぎ》の連合軍に攻められた友好国・百済《くだら》を救援するため、みずから九州に入った。九州を本営に軍の指揮をとろうとしたのである。

　そして、朝倉橘広庭宮《あさくらのたちばなのひろにわのみや》（福岡県朝倉市）に入ったが、まもなく宮殿は壊れてしまった。近くの神社の木を伐りはらって宮殿をつくったため、神の怒りを受けたのである。

さらに宮中に「鬼火」が出現し、そのせいで舎人《とねり》や侍臣がつぎつぎに病気になり、ばたばたと死んでいった。あげく七月には、天皇自身も朝倉宮で亡くなってしまったのである。

　まもなく葬儀が行われたが、その夕、朝倉山の上に大笠を着た鬼が現れ、葬儀をじっと見守っていたという（「是《こ》の夕《ゆふへ》に、朝倉山《あさくらのやま》の上に、鬼《おに》有りて大笠を著《き》て、喪《みも》の儀《よそほひ》を臨《のぞ》み視る」）。

　朝倉山の上に出現した鬼とは何なのか。『日本書紀』は「大笠」をまとっていたということ以外、その姿形について言及していないが、鬼というからには異形の風体をしていたのだろうか。あるいは、木を伐られたことに怒った山の神が姿をあらわにしたのだろうか。それとも、山上に浮かぶ雲の奇妙なかたちが、天皇の急逝に対する悲嘆と不安にくれる人びとの目に、異形の怪物と映ったのだろうか。

いずれにしても、それが人びとを不安に陥れるものであったことは確かだろう。

◆『出雲国風土記』が記録した一つ目の人喰い鬼

和銅六年(七一三)、元明《げんめい》天皇は全国に『風土記《ふどき》』を編纂して朝廷に提出することを命じた。『風土記』とは一言でいえば地誌であり、そこには各地の風土や風俗、産物、伝説・伝承などが記される。この詔《みことのり》に応じて日本全国で『風土記』が作成されたが、完全な形でそのテキストが今に伝わっているのは、出雲国で編まれた天平五年(七三三)完成の『風土記』、つまり『出雲国風土記』のみである。

この『出雲国風土記』に、大原《おおはら》郡阿用《あよ》郷(島根県雲南市大東町)の伝承として、つぎのような鬼にまつわる興味深い話が記されている。

〈古老が伝えるところによると、ある人がここに山田をつくって守っていた。ところがあるとき、目が一つの鬼がやってきて、農夫の息子を喰ってしまった。そのとき、息子の両親は竹藪の中に隠れていたが、竹の葉が揺れ動いた。すると、鬼に喰われていた息子が、「あよ、あよ」と叫んだ。そのため、この地を阿用という。〉

鬼に喰われた息子が口にした「あよ、あよ」という言葉の意味については、「恐怖の体験をした際に発した叫び声」「両親に危険を知らせようとした、『あっちへ行け』の意」「邪霊を祓うための呪《まじな》い的な言葉」など、諸説があって決めがたいが、この伝承の第一のポイントは「鬼が人を喰う」という点だろう。

後世の伝説・物語に現れる鬼は、つまるところ「人間を喰う」という特性ゆえに人びとに恐れられ、忌まれたといえるし、またその人喰いという特性は『鬼滅の刃』に登場する鬼たちにもよく受け継がれているわけだが、その原像は、出雲の阿用に出現した鬼に求めることもできるのだ。

また、阿用の鬼は「目が一つ」だったという。

一つ目の妖怪や神を、天目一箇神《あまのめひとつのかみ》という一つ目の神を奉じた山間地に住む鍛冶師《かじし》たちの信仰伝承と関連づける説や、祭りの日まで生贄《いけにえ》とすべき人や魚を聖別しておくために片目をつぶしておいた習俗に由来するととらえたりする説（柳田國男《やなぎたくにお》氏）もある。ともあれ、阿用の鬼についていえば、その「一つ目」は、「鬼」の不気味さ・異形さを端的に伝える、きわめて効果的な表現となっているのではなかろうか。

◆鬼神を使役した役小角

このように鬼は、人間にとって制しがたい恐ろしい怪物として古代にはとらえられてきたのだが、七世紀も終わりになると、そんな鬼を手なずけ、自在に操ったとされる人物が登場している。

その人物とは、修験道《しゅげんどう》の開祖と仰がれる役小角《えんのおづぬ》（役行者《えんのぎょうじゃ》）である。

『日本書紀』に続く正史である『続日本紀《しょくにほんぎ》』（七九七年成立）をみると、文武《もんむ》天皇三年（六九九）五月二十四日条に、役小角に関するつぎのような記載がある。

〈役小角を伊豆島に流した。小角ははじめは葛城山《かずらきやま》に住み、呪術を用いるので有名で、外従五位下《げじゅごいげ》の韓国広足《からくにのひろたり》（朝廷に仕えた呪術師）は彼を師匠とした。ところが、その後、小角はその能力を使い誤り、人びとを惑わしていると広足に讒言《ざんげん》されたため、遠流《おんる》に処されたのだ。世間の噂では、小角は鬼神《きじん》を使役して、水を汲んだり薪を採ったりしていた。もし命令に従わないと、呪術を用いて鬼神を縛り、動けないようにしたという。〉

小角は多分に伝説的な人物だが、正史にはっきりと記録されているからには、実在したことはまず間違いない。おそらく、奈良の葛城山を拠点とした孤高の山岳修行者で、道《どう》教《きょう》や密教、民間信仰などが混交した呪術や祈禱《きとう》を行って民衆の病気平癒や所願成就に携わった、異能のシャーマンだったのだろう。

しかも驚くべきことに、彼は「鬼神」を使役したという。「鬼神」という語は「鬼」と区別して用いられる場合もあるが、仮にここで「鬼」の超人間性を強調した意にとるとしよう。そうすると、人を襲い、喰らう凶暴な異形の化け物を小角が威嚇して操ったというところに、当時の人びとが彼に対して抱いた崇敬や畏怖、あるいは恐怖の念の大きさを推し量ることができる。

為政者である朝廷側からすれば、鬼をも服従させる小角は放っておけば権力構造を大きく揺るがしかねない危険人物として映ったはずで、彼が遠流に処された背景にはそんな事情もあったにちがいない。

小角が鬼神を使役したという話は、後世には「役小角は前鬼《ぜんき》・後鬼《ごき》という一対の鬼を弟子にした」という伝説を生み、小角の彫像や画像では、主《あるじ》の左右に童子風の、見ようによっては可愛らしい姿の二鬼を配するのがならいとなった。

かくして、早々と鬼は人間にコントロールされうる存在となり、その歴史は衰退をはじめたのだろうか。

いや、まったくそんなことはない。

逆にこの後、鬼はそのイメージを変質させ、異形さを際立てさせながら増殖してゆき、邪悪な鬼の姿は山里や辺境ではなく、人里、さらには都のただ中にも出没するようになってゆくのだ。

役小角　前鬼・後鬼を従える姿が描かれている（葛飾北斎『北斎漫画』、国立国会図書館）

平安京を跋扈した鬼たち

——王朝人を恐れさせた異界からの訪問者

◆『伊勢物語』が描く美女を喰った鬼の正体

桓武《かんむ》天皇によって平安遷都が行われたのは、延暦十三年（七九四）である。

中国の長安や洛陽をモデルとして新たに築かれたこの都は、「平和で安楽な地であるように」という願いをこめて「平安京」と名づけられた。のちに「京都」という呼び方が一般的になるが、そこは、明治二年（一八六九）の東京遷都まで、千年以上にわたり日本の首都としての役割を果たしつづけた。

だが、そんなうららかな地名とは裏腹に、平安時代の京都は、鬼やモノノケが夜闇に跳梁跋扈《ちょうりょうばっこ》して異界と交錯する、あやかしの魔都でもあった。

桓武天皇の孫を父に、桓武天皇の皇女を母にもつ貴族・在原業平《ありわらのなりひら》を主人公とした、作者不詳の歌物語『伊勢物語』に、俗に「鬼一口」と呼びならわされている章段がある。それはこんな内容だ。

〈ある男（業平になぞらえられる）が、久しく恋い焦がれていた女性をやっとの思いで外に連れ出した。暗いなかを逃げ行って川を渡るとき、ふと女が草の上の露を見て「あれは何ですか」と聞いてきたが、男は答えるいとまもない。

やがて夜も更け、雷雨がはげしくなってきたので、荒れ果てた蔵に女を押し入れ、男は弓矢を用意して戸口で夜を過ごした。

ところが、夜が明けて蔵を見ると、女の影がない。女は鬼に喰われてしまったのだった。鬼に襲われた女は悲鳴をあげたのだが、はげしい雷鳴で男には何も聞こえなかったのだ。男は地団駄を踏んで嘆き悲しんだが、もはやどうしようもなかった。

白玉かなにぞと人の問ひし時　露とこたへて消えなましものを〉（第六段）

『伊勢物語』は平安時代前期の成立とみられているが、「都に近くても、人の気配のない荒れた古家には、『鬼』という人を喰う化け物が潜んでいる」というのは、当時の人びとにはごく普通に受け入れられることだったのだろう。逃避行中に女が目にとめた草葉の露を恋や命のはかなさにたとえた末尾の和歌は、男が詠んだものともとれるし、女が詠んだ

藤原高子　在原業平との駆け落ちが描かれている（月岡芳年『芳年略画』、国立国会図書館）

ものともとれる。

だがじつは、この人喰い鬼のエピソードは、宮廷社会の醜聞が生み落としたものだった。『伊勢物語』の筆者は、種明かしをするかのように、この話のあとにこんな注記を加えている。

〈この話は、二条の后《きさき》（清和《せいわ》天皇の女御《にょご》となり、陽成《ようぜい》天皇を生んだ藤原高子《こうし》のこと）が宮仕えしていたまだ若いころに、業平がその美貌を聞きつけて盗み、背負って逃げたときのものである。このとき、后の兄弟の藤原基経《もとつね》・国経《くにつね》が、宮中に参上する途中、彼女がひどく泣いているのを聞きつけ、引き留めて取り返した。それをこのように「鬼に喰われた」と言い換えたのだ。〉

藤原高子は当時としては長生きをし、延喜《えんぎ》十年（九一〇）に六十九歳で没している。

◆内裏のすぐそばに不気味な鬼が出没

『伊勢物語』はあくまで物語で、業平の生涯をもとにしつつもフィクションの要素が濃い。しかし、平安時代のれっきとした史料にも、人喰い鬼にまつわる事件は記録されている。その史料とは、清和・陽成・光孝《こうこう》の天皇三代の記録をまとめた正史『日本三代実録』（九〇一年成立）で、しかも鬼が出現した場所は、天皇が住まう内裏《だいり》の目と鼻の先であった。

同書の仁和《にんな》三年（八八七）八月十七日条には、およそつぎのような怪異事件が記されている。

〈大内裏にある武徳殿《ぶとくでん》の東側の松原のあたりから三人の婦人が東（内裏）へ向かって歩いていると、松の木陰にハンサムな男がいて、一人の婦人の手をとって引き留め、木陰で何やら話しはじめた。ところが、しばらくすると、話し声が聞こえなくなった。残りの二人の婦人が不審に思って木陰に行くと、女の手足が落ちていて、体と首はなかった。時の人は、「鬼（鬼物《きぶつ》）が人に変じて、殺人を犯したのだろう」と噂した。〉

殺人事件の舞台となった松原は、内裏の外郭門である宜秋門《ぎしゅうもん》の正面あたりである。現代でいえば、皇居外苑にあたるような場所だろう。そんなところに鬼が出没し、美女を喰い殺したというのだ。

もっとも『日本三代実録』では、この事件記録に対しては「道行く人がある人に告げた話」、つまり伝聞であると断り書きされていて、事件が鬼の仕業だというのもあくまで世人の噂にすぎず、誰かがはっきりと鬼の姿をみたわけではない。したがって、謎の猟奇殺人事件の犯人として、「鬼」という幻想が持ち出されたにすぎないのかもしれない。

しかし、正史に残されたこの記録からは、平安時代の宮廷人が鬼の存在をリアルに意識していたことをうかがうことができるだろう。

◆琵琶を弾きこなす羅城門の鬼

平安時代後期成立の説話集『今昔物語集《こんじゃくものがたりしゅう》』は、仏教的・教訓的な色彩の濃い説話が大半を占めるが、伝聞や口承をもとにしているとみられる世俗的な説話――今風にいえば週刊誌のゴシップ記事にたとえられるような話――も豊富に収録され、その中には、平安京やその周辺を舞台とした鬼にまつわる奇譚・奇話も多い。先の『伊勢物語』や『日本三代実録』の人喰い鬼の類話も載せられている。

ここでは、宮中の琵琶の名器「玄象《げんじょう》」が鬼にとられたという、当時は広く人口に膾炙《かいしゃ》していたとみられる話を紹介してみたい。

〈村上天皇の御代（九四六〜九六七年）に、古くから皇室に伝わる「玄象」と名づけられた琵琶が行方不明になった。天皇は嘆き悲しみ、誰が盗んだのかと疑った。

殿上人《でんじょうびと》で管弦の達人である源博雅《みなもとのひろまさ》もこのことを嘆いていたが、ある夜、内裏の清涼《せいりょう》殿《でん》に宿直《とのい》していると、美しい琵琶の音が南の方角から聞こえてくる。耳を澄ませてよく聞くと、あの玄象の音色にほかならない。驚き怪しんだ博雅は、その音の方角に向かって歩いて行った。

羅城門の鬼　平安京の正門であった羅城門に巣食っていたとされる鬼（鳥山石燕『今昔百鬼拾遺』、国立国会図書館）

大内裏の正門である朱雀《すざく》門まで来たが、音はなおも南から聞こえる。そこで門を出て朱雀大路を南へ南へと向かっていくうちに、いつしか平安京の南端である羅城門《らじょう》にやってきていた。門の下に立つと、二階から玄象の音が聞こえてくる。博雅は「きっと鬼などが弾いているのだろう」と思い、こう呼びかけた。

「いったい、どなたが弾いているのですか。天皇がお捜しになっている玄象の音色が聞こえたので、尋ねてきたのです」

すると、琵琶の音がぴたりと止み、天井から玄象を先端に結んだ縄が降りてきた。博雅はおそるおそる玄象を取ると、内裏に持ち帰って事の次第を奏上し、天皇に玄象を奉った。天皇はいたく感激し、「さては、鬼が盗んだのだな」と仰せになった。この話を聞いた者は、みな博雅をほめたたえた。〉(巻第二十四・第二十四話)

玄象は南北朝時代まではたしかに存在した琵琶の名器で、唐伝来、醍醐《だいご》天皇(在位八九七~九三〇年)の秘蔵品であったといわれている。

その玄象が一時、行方知れずになったという話は、平安後期の説話集『江談抄《ごうだんしょう》』などにも記されているので、実際にそのような事件があったのだろう。

源博雅は醍醐天皇の孫にあたる人物で、音楽の才に秀でたことで知られ、琵琶や笛、琴の名手とうたわれ、作曲も行った。

源博雅　朱雀門の鬼と合奏する姿が描かれている（月岡芳年『月百姿』、国立国会図書館）

『今昔物語集』は、羅城門の鬼が盗んだ玄象を博雅にあっさり返した理由をとくに記していないが、玄象の音色を聞き分けた博雅の管弦の才能に鬼が感服した、ということなのだろう。

◆鬼は音楽や詩歌に秀でたインテリだった

これの類話といえそうな話が、鎌倉時代中期の説話集『十訓抄《じっきんしょう》』にある。

〈博雅が月夜に朱雀門の前で笛を吹いていると、美しい笛の音を奏でる人に出会った。そして月夜ごとに笛を吹き合っているうちに、互いの笛を取り替えることになった。博雅が得たのは、すばらしい笛であった。

博雅の死後、天皇はその笛を笛吹きでもあった祈禱《きとう》僧の浄蔵《じょうぞう》に与えて朱雀門へ行かせた。そして月夜に浄蔵が朱雀門でその笛を吹くと、門の楼上から「相変わらず逸物だ」とほめる大きな声がした。それでこの笛が鬼のものであることがわかった。

その笛は「葉二《はふたつ》」と名づけられて、天下第一の笛となった。〉(下巻・第十)

朱雀門に住む鬼がその楽才に感嘆して笛の名器を博雅に与えた、という話である。『十訓抄』には、漢詩人の都良香《みやこのよしか》が羅城門を通りかかったとき、楼上の鬼から典雅な詩句を授かったという話も載っている。

朱雀門は大内裏の、羅城門は平安京の外部との境界であった。そうしたマージナルなポイントには、音楽や詩歌に異常な才能をもった(まさしく鬼才である)、教養高い鬼が隠れ棲んでいる――というのも、王朝時代の鬼に対するイメージの典型のひとつだったのである。

◆渡辺綱の戻橋鬼女伝説

平安京の鬼の出現スポットとしては、朱雀門・羅城門以外に、一条戻橋《もどりばし》も有名だった。

一条戻橋は、平安京の北端を東西に貫く一条大路が賀茂川の分流である堀川と交わる箇所に架けられた橋である。「戻橋」という名は、先に触れた祈禱僧の浄蔵が熊野から帰ってこの橋にさしかかったとき、亡くなった父・三善清行《みよしきよゆき》の葬列に行き会い、亡父を加持《かじ》して生き返らせたことにちなむと伝えられている。

戻橋のあたりは、内裏（御所）からみると、陰気が極まるために鬼が出入りしやすい方角と信じられた鬼門《きもん》（丑寅《うしとら》、東北）にあたり、またそこは京域の境であり、北側には草深い野が広がっていた。足下には川が流れているが、川は現界と異界を隔つ境界のシンボルでもある。このあたりは現在は完全に市街地になっているが、平安時代においては、夜ともなればいかにも魑魅魍魎《ちみもうりょう》が現れ出てきそうな、妖気漂う場所だったのである。

そして一条戻橋を舞台とした鬼伝説の古典となっているのが、『平家物語』の「剣巻《つるぎのまき》」に収められたつぎのような話である。

〈嵯峨《さが》天皇の御代（八〇九～八二三年）、ある嫉妬深い女が貴船明神《きぶねみょうじん》に参詣し、「鬼となって妬ましい者を殺したい」と祈請すると、神の霊験を得て宇治橋のたもとで鬼となり、「宇治の橋姫」と呼ばれ、多くの人の命を奪っていった。

そのころのある夜更け、源 頼光《みなもとのよりみつ（らいこう）》の郎党であった武士の渡辺綱《わたなべのつな》が馬に乗って一条戻橋にさしかかると、二十歳ぐらいの美しい女と出会った。

女が「夜も更けて恐いので、送っていただけませんでしょうか」とすがるので、綱は女を馬に乗せ、橋を東に渡ると、南へ行こうとした。すると、女は「私の住みかは都の外、西北の愛宕山《あたごやま》だ」と言って綱の髻《もとどり》をひっつかみ、西北へ飛びはじめる。

しかし綱は少しもあわてず、頼光から与えられていた名剣・髭切《ひげきり》を抜き、正体は宇治の鬼女であった女の腕を斬った。すると、髻に女の腕だけをつけて、綱のからだは北野天満宮の回廊の上に落ちた。綱が腕を取ってみると、さっきは雪のように白い肌であったのに、いまのそれは色が黒く、ごわごわとした毛に覆われていた。

この事件により、髭切は「鬼丸」と呼ばれるようになった。〉

勇猛な武将・渡辺綱が深夜の一条戻橋に出現した鬼女に襲われるが、逆にその腕を切り落としたという武勇譚である（鬼の襲撃現場を羅城門とするバージョンもある）。

◆怪異の世界と隣り合わせだった魔都

この話にはまだ続きがあり、後日、鬼が綱の養母に化けて腕を取り戻しにきたこと、鬼丸が頼光の愛刀・蜘蛛切《くもきり》（膝丸《ひざまる》）とともに源氏重代の宝剣となって源頼朝《よりとも》・義経《よしつね》にまで伝わった経緯などが語られている。

『平家物語』は鎌倉時代前期の十三世紀はじめには原型が成立していたと考えられているが、異本が多い。ここに紹介した「剣巻」は一般に流布している『平家物語』にはなく、屋代本《やしろ》、百二十句本と呼ばれるバージョンに収録されているもので、後世に付加されたものとみられ、その成立年代は一説に南北朝時代であるという。中世に刀剣への興味関心が高まるなか、壇ノ浦の戦いで安徳帝《あんとく》とともに神璽《しんじ》の宝剣が海に沈んだ故事にからんで、源氏重代の宝剣の由緒と伝説を詳述するというのがこの巻の趣旨と考えられる。

また、歴史的人物としての渡辺綱は十世紀なかばの生まれであり、「剣巻」のいう嵯峨天皇の時代（九世紀はじめ）とは時代が合わない（綱を架空の人物とする説もある）。

そのようなわけで、戻橋や羅城門を舞台とした渡辺綱の鬼退治はあくまで伝説であり、平安京を背景としつつも、話が成立したのは中世である。しかし、それでもこの伝説からは、先に紹介した『伊勢物語』や『今昔物語集』の鬼話と同じく、怪異の世界と隣り合わせであった平安時代の魔都の雰囲気がよく伝わってくる。

そして、この伝説によって鬼退治のヒーローとなった綱は、鬼伝説の完成形ともいえる酒呑童子《しゅてんどうじ》伝説（84ページ参照）にも主の頼光とともに登場して活躍することになる。

ところで、平安時代なかばに編まれた辞書『和名抄《わみょうしょう》』は、「鬼」についてこう解説する。

「オニは隠《おん》の訛《なま》りで、鬼は、隠れて形をあらわすことを欲さないゆえにそう名づけられた」

この鬼の定義は現代人にはなかなかしっくりこないが、王朝人にはよく理解できるものだったのだろう。平安京の鬼の怖さの本質は、人前には姿をはっきりとはあらわさないというところにあったのである。

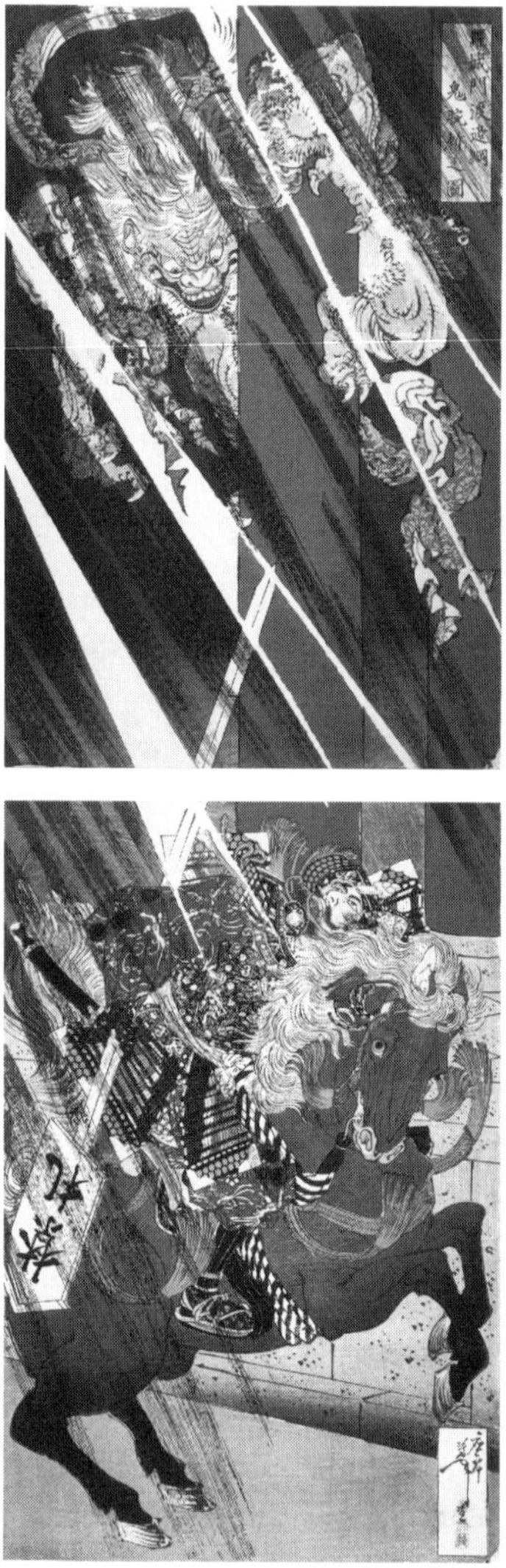

渡辺綱　羅城門で鬼の腕を切り落とす場面が描かれている（月岡芳年『羅城門渡辺綱鬼腕斬之図』、国立国会図書館）

オニたちのパレード、百鬼夜行

――都の夜を闊歩した闇の異形者たち

◆プレイボーイが都の真ん中で遭遇した鬼の行列

醍醐《だいご》天皇の御代（八九七〜九三〇年）のことである。

右大臣・藤原良相《よしみ》の長子・常行《つねゆき》は名うてのプレイボーイで、夜な夜な愛しい女のもとへ出かけていた。

その夜は、父母に知られまいと、わずかな供だけを連れてそっと西三条の邸《やしき》を出て、思いをかける女がいる左京（平安京の東半分）へ向かっていた。そして二条大路に入ると、大内裏《だいだいり》を左手に見ながら東へ真っ直ぐ進んだ。

ところが、美福門《びふくもん》の前まで来ると、反対側から大勢の人がやってくるのに気がついた。松明《たいまつ》を灯し、ざわめきながら近づいている。

不安に駆られた常行と供たちは、大路をはさんで美福門の反対側にある神泉苑《しんせんえん》の北門に入り、戸を閉めて息を潜めた。

やがて行列が前を過ぎてゆく。

常行は戸をそっと開けて外を見た——すると、なんと彼らは人間ではなく、とりどりに恐ろしい姿をした鬼たちであった。

常行は縮み上がってうつ伏していたが、鬼が人間の気配に気づいたのか、「奴を引っ捕まえろ」という声がして、鬼のひとりが走り寄ってくる。常行はもうこれで最期かと観念したが、なぜかその鬼はそれ以上近づかずに去ってゆく。二度、三度とそれが繰り返されるも、常行は捕まらない。

そのうち、「尊勝陀羅尼《そんしょうだらに》（除厄や延命の効験があると信じられた密教《みっきょう》の呪文）がおいでのようだ」という声が聞こえたかと思うと、あまたの松明が一遍に消え、鬼たちは東西に走り逃げ、姿を消した。

常行はしばし呆然としていたが、気を取り戻すと、慌てて西三条の邸に戻った。

部屋に入ってぐったりしていると、乳母が心配してやってきた。常行が怪異に遭遇したことを打ち明けると、乳母はこう言った。

「まあ、驚きました。じつは昨年、兄弟の阿闍梨《あじゃり》に頼んで尊勝陀羅尼の護符を書いてもらい、それを若君の服の襟のところにこっそり入れておいたのです。まったくありがたいことです。もし入れておかなかったら、どうなっていたことでしょう」

あとでわかったが、この日は暦のうえでは「忌夜行日《きやぎょうじつ》」にあたっていたそうだ。

◆百鬼夜行の出没スポットだった二条大路周辺

以上に紹介したのは、『今昔物語集《こんじゃくものがたりしゅう》』巻第十四の第四十二話「尊勝陀羅尼の験力《げんりき》によりて鬼の難を遁《のが》るること」のあらましである。

まさに表題が示すように、密教の呪文である尊勝陀羅尼のありがたい功徳を説くというのがこの説話のテーマなのだが、一方でこの話は、平安貴族たちに恐れられた「百鬼夜《ひゃっきや》行《ぎょう》」(「夜行」は「やこう」とも読まれる)を物語る代表的な事例として知られている。

百鬼夜行とは、一般的な解説にしたがえば、異形の怪物としての鬼が行列をなして歩き、徘徊することで、一種の怪異現象である。そして、陰陽道《おんみょうどう》の暦には鬼たちが夜行すると信じられた日が毎月あり、その日には外出が忌まれたという。それが、先の説話の末尾にみえる「忌夜行日」である。

絵巻に描かれた鬼と妖怪①　絵巻全体では深夜に徘徊し、日輪で退散するまでの姿が描かれている（『百鬼夜行絵巻』部分、中世の作品を江戸時代に模写か、国立国会図書館）。なお、中世以降、「百鬼夜行絵巻」「百鬼夜行図」などと呼ばれる絵図が盛んに描かれるようになり、それは一般に「百鬼夜行」を描いたものと解されているが、実際にそこに描かれているのは、異形の怪物・化け物・妖怪たちの行列で、現代人のイメージする鬼は少ない。妖怪研究者たちのあいだでは、平安時代の「百鬼夜行」と中世以降の「百鬼夜行絵巻」とは、直接はつながらないとする見方もある。

絵巻に描かれた鬼と妖怪②　矛をかついだ青鬼や御幣を振り回す赤鬼の姿などが描かれている（『百鬼夜行絵巻』部分、中世の作品を江戸時代に模写か、国立国会図書館）

二条大路周辺はとくに百鬼夜行の出没スポットとみられていたらしく、藤原氏の栄華を中心に叙述する歴史物語『大鏡《おおかがみ》』（平安時代後期成立）には、公卿の藤原師輔《もろすけ》（九〇八～九六〇年）が夜更けに宮中から退出したとき、二条大路と東大宮大路が交わる「あわわの辻」（大内裏の東南角のあたり）で百鬼夜行に遭遇し、尊勝陀羅尼を唱えて難を逃れたという話が記されている。

ただし、奇妙なことに師輔の侍者たちの目には鬼たちの姿は見えなかったという。師輔は儀礼儀式にやかましく、陰陽道的な禁忌や作法に人一倍神経質なたちだったらしいが、鬼を恐れるあまりに幻覚にでも襲われたのだろうか。それとも、師輔は一般人には見えない鬼を見ることができる特殊な能力の持ち主であったということなのか。

「あわわ」の語義は不詳だが、人が驚きふためく声とする説もある。その辻は現在の二条城のあたりである。

◆一条戻橋にも出現した百鬼夜行

『今昔物語集』から、もう一つ説話を紹介しておきたい。

〈京に住むある年若い侍は、常日頃、観音を本尊とする六角堂（京都市中京区にある寺院）に参詣し、熱心に信心していた。

大晦日の夜更け、知り合いの家からひとりで帰宅する途中、一条戻橋《もどりばし》を渡って西に向かっていると、向こうから大勢の人がたいまつをかざしてやってきた。

侍は「きっと、やんごとなき方がおいでなのだろう」と思い、急いで橋の下に隠れた。やがて行列が橋の上を渡ってゆく。そこで侍がそっと見上げると、なんと歩いているのは、人間ではなく、恐ろしげな鬼どもであった。

一つ目の鬼もいれば、角の生えた鬼、手が何本もある鬼、一本足で跳んでいる鬼もいる。侍は生きた心地もせずに呆然と立っていたが、行列が通り過ぎると、一番しんがりにいた鬼が、「いま、人影が見えたぞ」と叫んだ。

やがて鬼がひとり近づいてきて、侍を引っ張りあげた。ところが鬼たちは「こいつはさして重い罪があるわけでもない。許してやろう」と言い出し、四、五人ほどの鬼が侍に唾を吐きかけると、みな去ってしまった。

侍は殺されずにすんでほっとし、急いで自宅に帰ったが、奇妙なことに、家族がみな、なにも話しかけてくれない。鬼が吐きかけた唾のために、侍のからだは人から見えず、声も聞こえなくなってしまっていたのだった。〉（巻第十六・第三十二話）

話はこれで終わらず、日頃信心していた六角堂の観音に祈念し、受けたお告げに従ったところ、ようやく元通りになる――という展開になっているのだが、そのくだりはここでは省略させていただこう。

ご覧のように、若い侍は深夜の一条戻橋で百鬼夜行に遭遇したのだった。

前項で示したが、平安京の最北端に位置する一条戻橋は、異界との接点ともいうべきスポットであった。したがって、いかにも百鬼夜行が出現しそうな場所として、当時の人びとには思われていたのかもしれない。あるいはまた、ここに紹介したような説話が、渡《わた》辺綱《なべのつな》の戻橋鬼女伝説の萌芽ともなったのかもしれない。

もう一つここで注目したいのは、「一つ目の鬼もいれば、角の生えた鬼、手が何本もある鬼、一本足で跳んでいる鬼もいる」（或《あるい》は目一つ有る鬼も有り、或は角生《おひ》たるも有り、或は手数《あま》た有《ある》も有り、或は足一つして踊るも有り）と、鬼たちの姿が具体的に描写されている点である。『今昔物語集』が編まれた平安時代末期から、「鬼」は目に見えない存在ではなく、具体的な「異形」としてイメージされるようになってきたのである。それは現代の私たちの想像する「妖怪」に近いものともいえるのではないだろうか。

鬼を操った安倍晴明

——鬼気を退散させ、疫病を祓った陰陽師たち

◆朝廷専属の占い師だった陰陽師

平安時代、京の人びとは周囲にうごめく鬼の影に日夜怯えていたが、そんな人びとの不安や恐怖を払うべく、呪術を用いて鬼を退散させ、あるいは使役することを職掌とした人もいた。それが陰陽師《おんみょうじ》である。

陰陽師とは、具体的にはどんな人たちだったのだろうか。

古代日本の朝廷には、陰陽寮《おんみょうりょう》という役所が設置されていた。陰陽寮は卜占《ぼくせん》や暦、天体観測（天文《てんもん》）、瑞祥災異の判定などを司ったが、この役所のなかでもとくに国家的な卜占を担当したのが、陰陽師と呼ばれる人びとであった。つまり、陰陽師とは、本来は官職名のひとつであり、朝廷専属の占い師のことをさしていた。

ところが、平安時代なかばごろから陰陽寮の活動が活発化して、密教などの影響も受けて独自の呪術的祭祀儀礼が行われるようになると、陰陽寮に属する官人全般が陰陽師と呼ばれるようになり、やがて陰陽寮を辞したのちも占術・呪術を行った宗教家、あるいは民間で陰陽寮的な占術・呪術を行う者も陰陽師と呼ばれるようになった。そして、そうした彼らが担った祭祀儀礼全般が「陰陽道《おんみょうどう》」と呼ばれるようになったのである。

したがって、陰陽道は日本生まれの宗教的文化ともいえるが、その信仰や祭祀の基礎になっているのは、古代中国で発展した陰陽《いんよう》五行《ごぎょう》思想や中国の民族宗教である道教《どうきょう》であり、それに仏教や日本の在来信仰など、さまざまな要素が混淆しているという点が特色だった。

もちろん仏教や神道にも占術・呪術が伝えられていたが、仏教儀礼は寺院で、神祇祭祀は神社で執り行われるのが基本である一方、陰陽師はもっぱら貴族の私宅や河原などに出向き、そこに祭場をもうけて祭祀を行った。これもまた陰陽道・陰陽師の特徴である。

◆陰陽師のスター、安倍晴明

貴族たちのあいだで占いや呪術が重んじられた平安時代には、陰陽師が大いにもてはやされたが、その代表が安倍晴明《あべのせいめい》で、彼の名は現代においても陰陽師の代名詞となっている。

安倍晴明は、大化改新時に左大臣を務めた安倍（阿倍）内麻呂《うちまろ》（倉梯麻呂《くらはしのまろ》）などを出した名門氏族・安倍氏の出身で、延喜《えんぎ》二十一年（九二一）に生まれた。陰陽師として名声のあった賀茂忠行《かものただゆき》・保憲《やすのり》の父子に陰陽道を学んだとされるが、史実の観点からすると、その前半生に関しては不明な点が多い。ちなみに賀茂氏はオオモノヌシノカミの神裔と伝えられる氏族で、役小角《えんのおづぬ》も同族だったといわれるが、忠行の頃から陰陽道で活躍するようになり、保憲は陰陽寮の長官である陰陽頭《おんようのかみ》に任じられ、以後、陰陽寮の要職は、賀茂氏と安倍氏がほぼ世襲するようになった。

安倍晴明　陰陽師として朝廷や貴族の信頼を受けた晴明の事績は神秘化され、数多くの伝承が残されている（菊池容斎『前賢故実』、国立国会図書館）

信頼できる史料にもとづくと、天徳四年（九六〇）、四十歳のときに天文得業生《とくぎょうしょう》（陰陽寮所属の特待生）だったというのが晴明の経歴の初見である。

五十歳ごろに天文博士《はかせ》（陰陽寮の天文を司る役人）になったが、陰陽寮のトップである陰陽頭になることはなかった。六十六歳ごろに陰陽寮を離れたが、陰陽師としての活躍が本格化するのはむしろこれからで、花山《かざん》天皇、一条天皇や藤原摂関家に信頼されて占いや祈禱《きとう》、祭祀に精励し、寛弘《かんこう》二年（一〇〇五）に八十五歳という高齢で没するまで陰陽道の大家、陰陽師の長老格として名声を博した。その人生は、きわめて遅咲きだったといえよう。

晴明の子孫は室町時代からは土御門《つちみかど》家を名乗るようになり、陰陽道を家業として明治維新まで朝廷・幕府に仕えている。

◆鬼を封じる呪術を使った陰陽師

説話・伝説のたぐいには、傑出した陰陽師としての晴明の活躍を伝えようとするものが数多くあるが、そのうちで鬼にまつわるものとしては、『今昔物語集《こんじゃくものがたりしゅう》』に収められたつぎのような話が知られている。

〈安倍晴明がまだ若いころ、師の賀茂忠行の供をして夜に車のあとから歩いていると、忠行は車の中ですっかり寝入ってしまった。

そのとき、ふと晴明が前を見ると、なんともいえず恐ろしい鬼どもがこっちにやってくる。晴明は驚いて車の後ろに走り寄り、忠行にそれを知らせた。すると忠行は目を覚まし、鬼が来るのを見るや、呪術を使って自分と供者たちの姿を消し、その場を無事に通り抜けた。

これを機に忠行は晴明を寵愛し、この道を余すところなく伝授し、そのおかげで晴明は陰陽道の大家となった。〉（巻第二十四・第十六話）

師の供奉《ぐぶ》をしていた若き日の晴明が百鬼夜行を機敏に察知し、弟子から知らされた忠行は陰陽道の呪術を用いて鬼から身を守った、というエピソードである。具体的にどんな呪術を用いたのかは不詳だが、「陰陽師は鬼を退ける不思議な技術を身につけている」というのは、平安時代の人びとに普遍的な認識だったのだろう。

◆陰陽師に仕えた「式神」という小鬼

さらにこの話には、晴明が播磨《はりま》国の陰陽師の挑戦を受けるも、その陰陽師が使役する「式神《しきがみ》」を捕らえて降参させたという逸話が続き、晴明は自宅では式神を使って蔀戸《しとみど》の上げ下ろしや門の開閉をさせていたとか、晴明の死後もその屋敷ではごく最近まで式神の声が聞かれたといった噂話もつづられている。

「式神」は識神とも書かれ、陰陽師が使役したとする神霊のことをさし、しばしば小鬼のような姿でイメージされる。

　その名称は陰陽師が「式占《しきせん》」（式盤《しきばん》という道具を用いた占法の一種）を行う際の守護神に由来するという説が有力で、仏教の護法童子《ごほうどうじ》（密教僧や修験者《しゅげんじゃ》が使役した神霊）との影響関係を指摘する声もある。陰陽師に仕える鬼神であり、一面では陰陽師の守護神であるともいえよう。陰陽師が駆使する呪的パワーのキャラクター化ともいえるかもしれない。

安倍晴明像と晴明神社　本殿などに掲げられた神紋は非常に珍しい星形のもので、宇宙万物を表したもの（京都市上京区）

　晴明と式神のエピソードとしては、一条戻《もどり》橋《ばし》にまつわる伝説もよく知られている。それは、晴明の妻が晴明の式神の顔をひどく怖がったので、晴明は式神を戻橋の下に呪縛し、用事があればこれを呼び出して使役していたというもので、鎌倉時代中期の軍記物語『源平盛衰記』にすでに現れている。

　戻橋の下には、晴明に仕える式神という鬼が巣食っていたというわけである。

ちなみに、戻橋の西側には晴明を神として祀る晴明神社があり、晴明邸の跡と伝えられ、晴明町という地名まで残っている。しかし晴明邸跡というのはどうやら俗伝らしく、ここに晴明が住んでいたことを確証するものはない。実際に戻橋付近に住んでいたのは、晴明伝承を喧伝した民間陰陽師たちだったともいわれており、戻橋の式神伝説も、晴明を偉大な先師と仰ぐ彼らの活動の中から醸成されたものなのだろう。

そして、民間陰陽師たちをこの一帯に呼び込んだのは、前項でも触れたように、鬼の出没が噂されるような、異界との接点に位置する戻橋のマージナル性だったのではないか。

◆疫病対策としての陰陽道の鬼気祭

安倍晴明や陰陽師の活動は鬼にまつわるさまざまな伝説・伝承を生んだが、史実としては、彼らは「鬼」とどのような関わりをもったのだろうか。あるいは、現実には彼らは「鬼」とどう対峙したのだろうか。

古代には災害や病気は怨霊や悪神、鬼神がもたらすものと信じられたが、そうした事態に対処する陰陽道の祭祀に鬼気《きき》祭と呼ばれるものがあった。それは、疫病をもたらす化け物と考えられた疫鬼の侵入を防ぐために御所や貴族邸の門前で行われた呪的祭祀である。

　また、疫病が大流行したり天皇が重い病気にかかったりしたときは、宮城《きゅうじょう》（大内裏《だいだいり》）の四隅や山城《やましろ》国境の四カ所（逢坂《おうさか》・大枝《おおえ》・龍華《りゅうげ》・山崎）を祭場として拡大された鬼気祭が朝廷の主催で一斉に行われ、それは四角《しかく》四堺《しかい》祭、四堺祭、四角祭などとも呼ばれた。

式神　2体の式神（右下）を従えた安倍晴明（右中央）が、姿を現した物の怪ども（左上）と対峙し、祈禱を行っている場面（『不動利益縁起絵巻』部分、南北朝時代、東京国立博物館、Image: TNM Image Archives）

　陰陽師の鬼伝承の源泉は、このような疫神《えきじん》としての鬼を退散させる祭祀に取り組んだ平安京の陰陽師たちの姿に求められるのではないだろうか。彼らは、現代にたとえれば、新型コロナウイルスに立ち向かう医師たちということにもなろうか。

　安倍晴明とは、そんな有名無名の幾多の陰陽師たちのシンボルなのである。

平安貴族を苦しめたモノノケ

――『源氏物語』が描き出した心の中の鬼

◆法皇の前に現れた源融の幽霊

嵯峨《さが》天皇を父にもつ平安時代初期の左大臣・源融《みなもとのとおる》（八二二～八九五年）は生来、風流を好み、豪奢《ごうしゃ》な生活を送ったことで知られる。

鴨川のほとりの東六条に大邸宅・河原院《かわらのいん》を営んだが、その庭園は陸奥《むつ》の塩釜《しおがま》の景色を模したもので、つねに海水を池に運び入れ、海の魚を泳がせ、塩屋には塩焼きの煙がたなびいていたという。

融が深く愛したこの邸宅は、彼が亡くなったのちは宇多《うだ》法皇（八六七～九三一年）の手に渡るのだが、まもなくそこは怪異な事件の舞台となった。

ある日、法皇が京極御息所《きょうごくのみやすどころ》とともに河原院へ出かけ、月夜のもとで房事をはじめた。

すると、見知らぬ男が戸を開いて現れた。法皇が「誰だ」と問うと、男は言った。

「融でございます。御息所を賜りたいと存じます」

すると法皇はこう叱責した。

「生前のおまえは臣下であり、私は主上であった。無礼なことを言うな。さがって帰れ」

だが、融の幽霊はやにわに法皇の腰に抱きつき、御息所は恐怖のあまり失神してしまった。

法皇は急いで御息所を車に乗せて還御した。そして浄蔵《じょうぞう》法師を呼んで加持《かじ》をさせたところ、御息所はなんとか蘇生した――。

豪邸への執着のあまり融の亡霊が法皇の前に現れたというこの話は、公卿・大江匡房《おおえのまさふさ》（一〇四一～一一一一年）の晩年の談話をまとめた説話集『江談抄《ごうだんしょう》』に収録されている（巻第三）。類話が『今昔物語集《こんじゃくものがたりしゅう》』や『宇治拾遺物語《うじしゅういものがたり》』などにもみえるので、平安時代には広く流布した幽霊話だったのだろう。おそらく、源融没後の河原院でこれに近い怪奇事件が現実に噂されていたにちがいない。

◆『源氏物語』の夕顔を襲ったモノノケ

河原院幽霊事件によく似た話は、『源氏物語』の「夕顔《ゆうがお》」の巻にもみえている。紫式部《むらさきしきぶ》はこの事件をモデルにこの巻を書いたのではないかという説もあるほどだが、その梗概はこうだ。

〈若き日の光源氏は、六条に住む恋人・六条御息所《ろくじょうのみやすどころ》のもとに向かう途中、夕顔の咲く宿に住む内気な女性（夕顔）と知り合った。

やがて源氏は夕顔との恋に溺れ、八月十五日に夕顔の宿で一夜を過ごしたのち、女を「なにがしの院」という隠れ家に連れ出す。人気のない廃院の不気味さにおびえながらも二人はむつまじく過ごし、やがて夜を迎えた。

源氏がまどろんでいると、枕元に美しい女が立ち、「私のところを訪ねずに、こんな女をかわいがって、なんと恨めしい」などとなじりだした。

目を覚ますと、灯火が消えている。

源氏が人を呼びに行き、灯をとらせて部屋に戻ってくると、夕顔は気を失っていた。そして、枕元にさっきの夢に現れた女がふたたび幻のように現れたかと思うと、ふっと消え失せた。

夕顔はすでにこと切れていた。〉

『源氏物語』中でも屈指の名場面だが、源氏と夕顔が泊まった「なにがしの院」のモデルが河原院ではないかといわれているのだ。紫式部は十世紀後半から十一世紀はじめにかけての人だが、河原院は、十世紀なかばには、「なにがしの院」と同じようにすっかり荒廃してしまっていたらしい。

そして一般に、枕元に現れて夕顔を取り殺したのは、源氏からの愛が冷めたことをうらめしく思う六条御息所の生霊《いきりょう》であったと解釈されている。しかし、作品中にはっきりそう書かれているわけではない。

では、夕顔の命を奪った犯人はだれなのか。

源氏自身は「物に襲われた」と表現している。ここでいう「物」とは「モノノケ」(物の怪、物の気)とほぼ同義でみてよい。

モノノケは、後世には幽霊、悪霊、鬼、妖怪などを総称するような語となったが、平安時代の場合はこれとはややニュアンスが異なる。モノは霊的な存在を、ケは気配や病気のことを意味し、古代にモノノケといえば、「モノ＝霊的存在」が引き起こす怪異現象のことをさし、さらにはその正体不明の霊的存在そのもののことをもさした。要するに、人に取り憑《つ》いて病や死をもたらす正体不明の死霊・悪霊のすべてをモノノケと呼んだのである。

したがって、その正体が誰々の怨霊であったり、鬼であったり、天狗であったりと判明したならば、それはもうモノノケではなくなるわけだ。

源氏は、六条御息所の影を意識しつつも、夕顔を襲った幻の女の正体を、廃院に棲んでいた謎のモノノケとみていたことになる。

◆モノノケの正体は六条御息所の生霊

『源氏物語』には、他の巻でもモノノケが重要な役割を担って登場している。

「葵《あおい》」の巻では、懐妊した源氏の正室・葵上《あおいのうえ》がモノノケに取り憑かれてはげしく苦しみ出す（「大殿《おおとの》には、御物《おんもの》の怪《け》めきて、いたうわづらひたまへば……」）。僧侶たちが呼ばれて加《か》持祈禱《じきとう》が行われるが、モノノケは離れず、その正体もはっきりしない。やがて葵上は産気づくが、はげしく泣き出すうちに、手をとる源氏に対して「苦しいので祈禱をやめて」と語りかけた。

だが驚いたことに、その声はまぎれもなく六条御息所のものだった。

一方、別所で夢うつつのなかから目覚めた御息所の服には、祈禱僧がモノノケ調伏のために焚いていた芥子《けし》の香がしみついていた。

六条御息所　能楽「葵上」において御息所の生霊を表現する鬼女面は、後に般若面の代表となった（葛飾北斎『北斎漫画』、国立国会図書館）

葵上を襲ったモノノケの正体は、今度はまちがいなく御息所の生霊であったのだ。

まもなく男の子（夕霧《ゆうぎり》）が産まれるが、葵上はやつれる一方で、数日後には息を引き取ってしまう。

モノノケの正体が死霊や悪霊ではなく、生きている人間のからだを抜け出した、怨念にまみれた魂がそれだったというところがこの話の味噌だろう。ここには心の中に住まう鬼ともいえる、人間の情念のおぞましさ、あさましさがリアルに描きこまれている。

◆紫式部が実見した中宮の出産と調伏祈禱

『源氏物語』はもちろんフィクションであり、文学作品である。しかし、紫式部をはじめ平安の宮中人は現実生活でもモノノケを身近に感じて暮らしていたようである。『紫式部日記』は式部が一条天皇の中宮・彰子《しょうし》のもとに出仕していたころの見聞を回想したもので、彰子の出産時のことも克明に記録されているのだが、そこに作品と重なる情景を見出すことができるからだ。

彰子は摂関政治の全盛期を到来させた藤原道長《みちなが》の長女で、出産にあわせて土御門《つちみかど》の道長邸に里帰りしていた。以下、その記録を抜粋しながら追ってみよう。ちなみに、当時の式部は三十代なかばで、すでに『源氏物語』の執筆を進めていたとされる。

寛弘《かんこう》五年(一〇〇八)九月九日夜:彰子が産気づく。

十日朝:御座所に諸寺の祈禱僧や陰陽師《おんみょうじ》が集められ、彰子に取り憑いているモノノケを憑坐《よりまし》(追い出した霊を仮により憑かせる霊媒)にのり移して調伏しようと、一心に祈りはじめる。彰子が横になっている御帳台《みちょうだい》の西側には、モノノケが憑依した何人もの女房がいて、それぞれが屛風《びょうぶ》に囲われ、祈禱僧から調伏《ちょうぶく》の誦経《ずきょう》を受けている。

十一日昼:皇子《みこ》(のちの後一条天皇)が誕生。後産《あとざん》の際、モノノケたちがくやしがって気味の悪い声でわめきたてた（「御物のけのねたみののしる声などのむくつけさよ」）。僧侶が憑坐からモノノケを祓おうとしたら、逆にからだが引き倒された。応援の僧が呼ばれ、調伏の祈禱がつづけられた――。

現代人にはあまりにも異様に映る出産光景だが、当時の人びとは、出産時にはモノノケが集まってきて産婦を苦しめ、難産の原因となるとかたく信じていたのである。

加えて、彰子の父・道長はモノノケや怨霊のたぐいをことさらに恐れた人物であった。道長は病気がちだったが、自身の病気についても、その原因をモノノケや怨霊と信じて、しばしば僧侶や陰陽師を呼んで大掛かりな密教修法や祈禱を行わせている。道長がみずから護身の法を行うこともあったという。

しかし、晩年は浄土信仰に傾斜し、熱心な加持祈禱にもかかわらずあいついで子供たちに先立たれると、浄土を模して造営した法成寺《ほうじょうじ》の阿弥陀《あみだ》堂に病臥《びょうが》した。

そして万寿《まんじゅ》四年（一〇二七）、六十二歳の道長は「もう祈禱でこの病を治そうなどとは思わないでくれ」（『栄花《えいが》物語』）と嘆じ、金色《こんじき》の九体《くたい》阿弥陀像の御手《みて》に結ばれたひもをにぎりつつ、僧侶の念仏に送られながら、世を去っている。

兵乱を巻き起こした天狗たち

――仏法と王法を妨げる山の魔物

◆古代中国では天狗は流れ星のことだった

天狗《てんぐ》というと、山伏《やまぶし》姿で翼があり、鼻が高く赤ら顔の妖怪の姿を思い浮かべるのが相場だろう。しかし、それは近世になって定着したイメージで、鬼と同様に、天狗もそのイメージや伝承に変遷と歴史がある。

「天狗」の語自体は古くから用例があり、文献での初出は『日本書紀』の舒明《じょめい》天皇九年(六三七)二月二十三日条である。

この日、大きな星が空を東から西に流れ、雷のような大きな音がした。人びとは「流れ星の音だ」「地雷《ちらい》の音だ」と噂したが、旻《みん》という隋《ずい》に留学経験のある僧侶は「あれは流れ星ではなく、天狗だ。その吠える声が雷に似ていただけだ」と述べたという。

『日本書紀』で「天狗」は「あまつきつね」と読まれることになっているが、古代中国では、轟音を立て尾を引いて流れる流星や彗星を咆哮《ほうこう》する天界の狗《いぬ》にたとえて「天狗《てんこう》」と呼んだので、旻は中国で学んだ知識にもとづいて、流れ星をその天狗とみなしたのだろう。

流星としての天狗は、中国の民族宗教である道教《どうきょう》では、日食を起こして赤子を病気にする、天を翔ける狗とされるようになっていった。しかし、そのような流星としての天狗という観念は、日本にはあまり定着することがなかった。

われわれがイメージする天狗の萌芽がみられるのは、平安時代のなかばごろからだ。

たとえば『源氏物語』の最終巻「夢浮橋《ゆめのうきはし》」には、宇治川に入水《じゅすい》するも横川僧都《よかわのそうず》に救助された浮舟《うきふね》について、周囲から「天狗や木霊《こだま》などにたぶらかされて連れ去られていたのか」といぶかる声があったと、僧都が語る場面がある。

ここでは、天狗は山に住まう魔物として観念されているようである。

◆『今昔物語集』に描かれた天狗

このようなイメージの天狗は、平安時代後期成立の説話集『今昔物語集《こんじゃくものがたりしゅう》』のなかで、よりリアリティをもって描写されるようになる。同書の巻第二十は序盤が天狗譚のオンパレードになっているのだが、そのうちのひとつとして、第二話「震旦《しんたん》の天狗智羅永寿《てんぐちらようじゅ》、此《こ》の朝《ちょう》に渡る語《こと》」のあらすじを記してみたい。

〈今は昔、智羅永寿という中国の強い天狗が、日本の修験僧《しゅげんそう》と法力くらべをしようと日本に渡り、このことを聞いた日本の天狗に、空を飛んで比叡山《ひえいざん》に案内された。

永寿は老法師に化けて石塔のわきで僧侶を待ち受けていたが、しばらくすると、余慶《よきょう》という高僧が輿《こし》に乗って山を下りてきた。永寿は余慶を襲おうとしたが、すると不思議なことに輿の上の余慶の姿が消え、代わりに炎がはげしく燃え上がったので、近づくことができず、怖くなって谷に逃げ込んだ。

気を取り直して永寿が再び石塔のわきで待ち受けていると、今度は飯室《いいむろ》の深禅権僧正《じんぜんごんのそうじょう》の一行が下りてきたが、永寿は先払いの童子に杖で打たれて追い立てられ、僧正に近づくことすらできない。

もう一度法力くらべを試みることにして待っていると、下から比叡山座主《ざす》の良源《りょうげん》とその一行が道をのぼってきた。しかし永寿ははなから襲うのをあきらめて、谷の下の藪の中に逃げ込んだ。だが、良源に侍る童子たちの捜索を受けて捕らえられ、道に引きずり出されて殴り踏みつけられた。

永寿が日本の高僧たちの法力・功徳に降参したと白状すると、無罪放免となったが、腰を踏み折られていたので永寿はそのままぐったり横になった。
日本の天狗は隠れて一部始終を見守っていたが、永寿を気の毒に思い、北山に連れて行って湯治させ、腰を治させてから中国に送り帰した。〉

◆仏法を妨げる、ちょっと間抜けな魔物

この智羅永寿という天狗にまつわる話をもとに、鎌倉時代末期には『是害房絵巻《ぜがいぼうえまき》』という絵巻本が作られているが、これをみると、天狗は翼をもち、顔は鳥に似ていて、くちばしをもっている。この絵巻が描かれたころには、鳥、なかでも鳶《とび》のような姿をしているというのが天狗のイメージの典型となっていたらしく、このことは基本的に近世まで続くことになる。

永寿という天狗は高僧を打ち負かそうとしてことごとく敗れてしまったわけだが、天狗がただの化け物ではなく、仏法を妨げようとする魔物であるというのは『今昔物語集』の天狗に共通する性格で、これはその後の天狗の基本的性格のひとつとなっている。

ちなみに、先の説話では、天狗は「童子」たちによって駆逐されてしまうが、この「童

子」は、たんに高僧につき従う小僧ではなく、僧侶の法力の象徴ととらえることもできよう。言い換えれば、彼らは祈禱《きとう》僧が使役する護法童子《ごほうどうじ》であり、神仏の使わしめであり、陰陽師《おんみょうじ》の式神《しきがみ》にあたる。

また、この説話からもうかがえるように、鬼などとは違って、人間に近くてちょっと間抜けなところもあるというのも、天狗の重要な特色のひとつだ。

◆怪しげな天狗信仰の拠点となっていた京の愛宕山

修験道が盛んになると、山に住むと信じられた天狗は、霊山で修行を積む修験者・山伏たちと重ね合わせてとらえられるようになり、修験道の霊山・行場は天狗たちの住みかと信じられ、天狗信仰の拠点ともなった。

京都におけるその一例が、平安京の西北に位置する愛宕山《あたごやま》（標高九二四メートル）である。

ここは役小角《えんのおづぬ》が開いたと伝えられる、古くからの修験の行場であったが、平安時代末には天狗の像が祀られていたらしい。左大臣・藤原頼長《よりなが》の日記『台記《たいき》』の久寿《きゅうじゅ》二年（一一五五）八月二十七日条にこんな話が書かれているからだ。

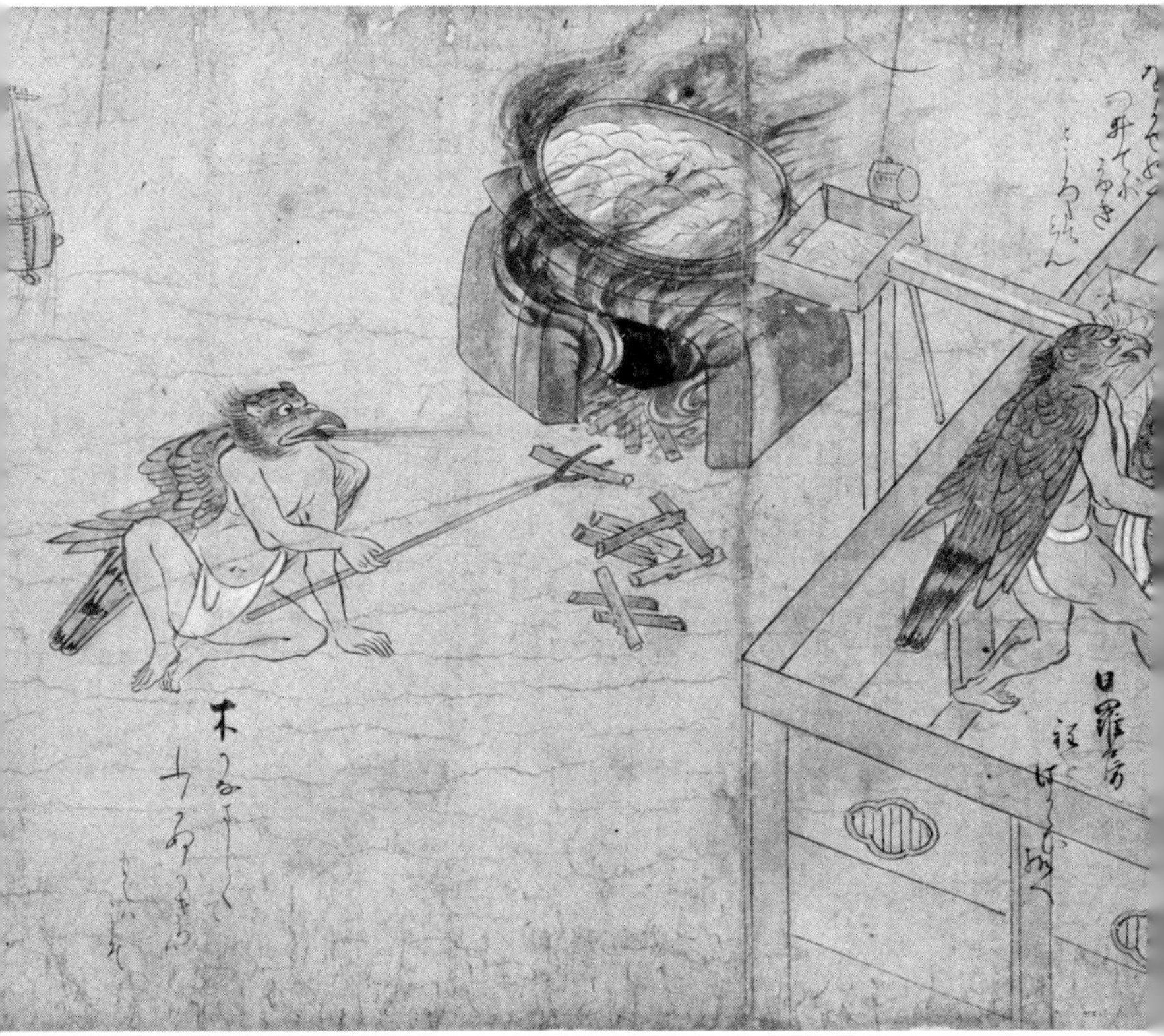

天狗　絵巻に描かれる天狗は、鼻の高い赤ら顔ではなく、鳥の姿を色濃くとどめた姿になっている（『是害房絵巻』部分、鎌倉末期、泉屋博古館）

〈ひと月前に十七歳で没した近衛《このえ》天皇の霊が巫祝《ふしゅく》に乗り移って、「朕《ちん》を呪詛《じゅそ》して誰かが愛宕山の天狗像の目に釘を打ったので、朕は目を患って早死にした」と言った。そこで鳥羽《とば》法皇（近衛の父）が人をやってたしかめさせたところ、たしかに天狗像に釘が打たれてあった。

美福門院《びふくもんいん》（近衛の母）、関白・藤原忠通《ただみち》、法皇らはこれを頼長による呪詛と疑っているようだが、自分（頼長）は愛宕山で天狗が飛んでいることは知っているものの、天狗像があることなど知らないのだから、とんでもない。〉

物騒な呪殺事件がつづられているが、ともかく、平安末の愛宕山には天狗像が祀られていて、山伏たちの崇拝を受けていたのである。

しかも、天狗は反仏教的な魔物とされていたのだから、その彼らの崇拝には反社会的・反権力的なにおいもする。天皇の呪詛と結びつけられたのも、天狗信仰が怪しげなカルト宗教のようなものにみられていたからだろう。

◆生きながら大天狗となった崇徳上皇

この天狗像呪詛騒動が前哨戦となって、翌年には朝廷を二分する内乱が勃発している。

近衛天皇病没後は鳥羽法皇の第四皇子であった後白河《ごしらかわ》天皇が即位していたが、法皇が保《ほう》元《げん》元年（一一五六）に没すると、後白河天皇と、前々代の天皇で、自分の子を皇位につけることを望んでいた崇徳《すとく》上皇の対立が激化。これに忠通と頼長の対立もからんで、「後白河＋忠通」対「崇徳＋頼長」という図式の武力衝突が京を戦場として生じた。だが、結果は呆気なく後白河側の勝利に終わり、頼長は敗死、崇徳は捕らえられて讃岐《さぬき》（香川県）に流された。これが保元の乱である。

崇徳上皇は讃岐の配所で失意の日々を送り、乱から八年後の長寛《ちょうかん》二年（一一六四）に四十六歳で没するが、この悲運の上皇は、後世、天狗と結びつけられることになる。

鎌倉時代に編まれた軍記物語『保元物語』によると、讃岐のわびしい屋敷で暮らした崇徳は、来世の幸福を願って『大乗経《だいじょうきょう》』五部をみずからの血をもって三年がかりで書写した。そしてそれを都に奉納しようとするが、朝廷からは「不吉きわまりない」ということで拒絶されてしまう。

これに深く悲嘆した崇徳はどうなったか。『保元物語』はこう記す。

「その後は、御髪《おぐし》をも召されず、御爪をも生《は》やさせたまはず、生きながら天狗の姿にならせたまふぞあさましき」

崇徳上皇　讃岐に流され悲運の最期を遂げた（歌川国芳、国立国会図書館）

つまり、崇徳は悲嘆と怒りのあまり、天狗のごとき怪物の姿になったというのだ。

そして、恨みつらみを募らせた崇徳は「日本国の大魔縁《だいまえん》となり、天皇を民の身分に引きずりおろし、民を天皇にしてみせよう」と祈誓し、舌の先を喰いきり、流れる血で写経の末尾に誓状《せいじょう》を書きつけたという。

「魔縁」とは仏教を妨害する悪魔のことをいうので、「大魔縁」は仏法の障碍《しょうげ》としての天狗を意識した用語だろう。

『保元物語』には史実を潤色した部分もあると考えられるが、かつての天皇が生きたまま天狗という魔物になったというくだりは、読者に強烈な印象を与えたはずである。

◆反体制のシンボルとなった天狗

憤死した崇徳はしだいに怨霊として人びとに恐れられるようになるが、一方で、没後の崇徳が大天狗として闇の世界に君臨したという伝説も語られた。

その話が書かれているのは『太平記《たいへいき》』（一三七一年頃成立）で、巻第二十七の「雲景未来《うんけいみらい》記事」と通称される章段につぎのようなことが書かれている（これを巻第二十六に置く本もある）。

〈南北朝の争乱がつづいていたころ、上京した羽黒山《はぐろやま》の山伏・雲景は、老齢の山伏と知り合い、「私たちが住む日本無双の霊地を見せてあげましょう」といわれて、平安京西北の愛宕山に案内された。

そこには立派な寺院があり、本堂の後ろの僧坊の座敷へ行くと、上座には大きな金色《こんじき》の鳶《とび》がいて、周囲には大男や、天皇の礼服を着た高貴な身分とおぼしき人、水晶の数珠《じゅず》をつまぐる高僧らしき人などが居並んでいる。

雲景が「これは何の集まりですか」と聞くと、くだんの山伏はこう説明した。「上座の鳶は崇徳院であられる。そのわきが源為朝《ためとも》、左側の一団は淳仁《じゅんにん》天皇、井上《いのうえ》皇后、後醍醐《ごだいご》院……」。みな権力闘争に敗れ、失脚して憤死した天皇・皇族や武将、高僧たちばかりで、彼らは魔王となって天下に乱を起こすことを相談しているところだった。〉

南北朝時代、愛宕山には魔物・怨霊と化したかつての天皇・貴人・高僧たちが集まって政権打倒を謀議していたのだが、その総師が崇徳で、しかも彼は「大きな金色の鳶」の姿、つまり大天狗と化していたのだった。

さらに『太平記』によれば、愛宕山にいた長老格の山伏は、じつは「日本第一の大天狗」と恐れられた太郎坊であったという。

中世に入ると、天狗は、「仏法を妨害する魔物」という性格に加えて、「王法を妨害する魔物」、つまり政治的な権力をおびやかし、兵乱をあおる妖怪という性格ももつようになっていたのである。

さらに、平治《へいじ》の乱（一一五九年）で敗れた源義朝《よしとも》の九男・牛若丸《うしわかまる》が、預けられた鞍馬山《くらまやま》で天狗の僧正坊《そうじょうぼう》から兵法を学び、源義経《よしつね》に成長して平家を滅亡させることになったとされるなど、戦乱・政変の黒幕としての天狗のイメージが強まってゆく。

このようにして天狗は、中世には、鬼に代わるリアルな災厄・戦乱の原因として恐れられるようになった。

鼻高で山伏姿というイメージが広まるのは江戸時代以降で、しだいに天狗は、仏法の障碍や反体制という役割を薄め、民間信仰的な一種の「山の神」としての性格を強めていった。『鬼滅《きめつ》の刃《やいば》』で、鬼殺の剣士を育成する「育手《そだて》」を務める鱗滝左近次《うろこだきさこんじ》は深山に住み、天狗の面（赤ら顔で鼻が高い）をかぶって主人公・竈門炭治郎《かまどたんじろう》の前に現れるが（第二話）、それは英雄を育てる人外の師としての天狗、山の神としての天狗のイメージに則したものだろう。

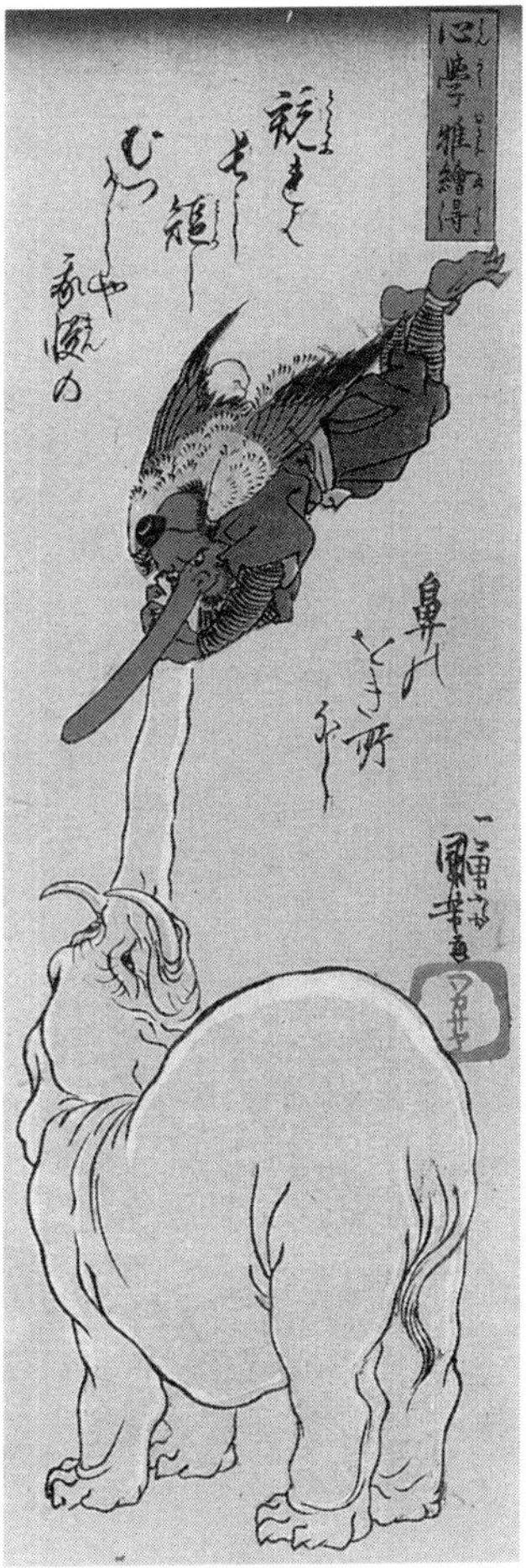

飛翔する天狗　山伏の服装で赤ら顔で鼻が高く、翼があり空中を飛翔する姿が描かれている（歌川国芳、国立国会図書館）

大江山の酒呑童子

――鬼のイメージを決定づけた中世の英雄譚

◆南北朝時代に成立した酒呑童子伝説

再三記してきたように、平安時代、「鬼」という語は、広く妖怪一般をさすニュアンスで用いられていた。

ところが、室町時代になると、そうした妖怪のなかで、頭に角を生やし、口に牙をもった容貌魁偉《ようぼうかいい》な怪物だけがとくに「鬼」と呼ばれるようになりはじめた。室町時代になってようやく、現代人にもなじみ深い鬼のイメージがかたまりだしたのである。

この変化は、実在の超自然的存在から、あくまで伝説やフィクションの中の悪役キャラクターへという、「鬼」に対する観念の変遷とも対応していた。言い換えれば、室町時代の人びとは、鬼をリアルな恐ろしい怪物ではなく、伝承世界の存在としてとらえるようになっていたのである。

そして、こうした鬼イメージの変容に大きな役割を果たしたのが、酒呑童子《しゅてんどうじ》伝説だ。

酒呑童子伝説は、丹波《たんば》と丹後《たんご》の境にそびえる大江山《おおえやま》（京都府北西部、福知山市・宮津市・与謝野町にまたがる連山で、主峰の千丈《せんじょう》ヶ嶽《がたけ》は標高八三二メートル）を根城とする「酒呑童子」（酒天童子、酒顚童子などとも書かれる）という名の酒好きの鬼の首領が、武将の源《みなもとの》頼光《よりみつ(らいこう)》と彼に仕える四天王《してんのう》らによって退治されるという話で、酒呑童子は鬼舞辻無惨《きぶつじむざん》の、頼光たちは「鬼殺隊《きさつたい》」のモデルのようなものである。

伝説自体は平安時代を舞台としているが、話の原型が成立したのは南北朝時代ごろではないかといわれている。絵巻や御伽草子《おとぎぞうし》などのかたちで流布し、諸本の内容には大小の異同もあるが、現存する文献の中で最も古いものは、十四世紀ごろに作られたと推測される絵巻物の『大江山絵詞《えことば》』（逸翁美術館所蔵）である。

『大江山絵詞』の現存テキスト部分は欠落や順序の混乱があるが、復元作業を行った髙橋昌明《まさあき》氏の著作『酒呑童子の誕生』を参照させていただきながら、やや長くなるが、そのあらすじを紹介してみたい。

◆源頼光と四天王の鬼退治伝説

一条天皇（在位九八六～一〇一一年）の時代、都の若君・姫君がつぎつぎに失踪するという怪事件が起こった。陰陽師《おんみょうじ》・安倍晴明《あべのせいめい》の占いによって大江山に住む鬼王の仕業と判明すると、追討の武将として源頼光、藤原保昌《やすまさ》が朝廷によって選ばれた。

二人は八幡《はちまん》・日吉《ひよし》・熊野・住吉《すみよし》の神々に加護を祈り、頼光は四天王（渡辺綱《わたなべのつな》、坂田公時《さかたのきんとき》、卜部季武《うらべすえたけ》、平忠道《ただみち》もしくは貞通《さだみち》）、保昌は大宰少監《だざいのしょうげん》を従えて大江山に向かった。

深山幽谷に分け入ると、とある山のほこらで老翁・老山伏《やまぶし》・老僧・若き僧の四人に出会った。一行は老翁たちのアドバイスで山伏姿に変装し、彼らの案内で奥山に踏み分けてゆく。

岩穴を抜けて川辺に出ると、今度は洗濯をしているやせ衰えた老女に出会った。彼女は鬼王にさらわれたが、骨も筋もかたくて食べにくいのでここに捨てられ、もう二百年以上も着物の洗濯をさせられているといい、山奥に鬼王の城があることを一行に教える。

そこでさらに奥へ登ると、「酒呑童子」と書かれた額のかかった立派な門に到着。頼光の命令で綱が大声で宿を乞うと、童子姿の鬼王（酒呑童子）が現れ、惣門のかたわらの廓《くるわ》に案内される。案内をしてくれた女房は、じつは自分は内大臣の娘だったがさらわれてき

童子姿の鬼王　源頼光と四天王は酒呑童子に毒酒を用いて退治を試みる（『大江山絵詞』部分、公益財団法人阪急文化財団 逸翁美術館）

たと打ち明けた。

しばらくするとふたたび童子が現れて、廻国中の山伏とかたる一行に、自分の身の上を語りはじめた。酒を深く愛するゆえに眷属《けんぞく》から酒呑童子と呼ばれている。昔は比叡山一帯を先祖代々の所領としていたが、伝教大師《でんぎょうだいし》（最澄《さいちょう》）とかいうけしからん坊主や桓武《かんむ》天皇に追い出された。うさばらしで時々大風や旱魃《かんばつ》を起こした。百五十年ぐらい前から大江山に住み着いた……。

上機嫌の童子に頼光はひそかに用意した毒酒をすすめ、やがて童子は酔っぱらって寝所に入った。

やがて暗くなると、眷属の鬼たちがつぎつぎにあらわれ、一行を誑《たぶら》かそうと田楽《でんがく》に興じたり、仮装行列を演じたり、あるいは美女に化けて言い寄ったりする。しかし、頼光の鋭い眼光に圧倒され、「あれは都人の恐れる源頼光にちがいない」と噂して退散する。

頼光と保昌は老翁の助けを借りて姿を消して城内に潜入したが、牢獄には藤原道長の息子や唐人が捕らわれていて、庭には人間を切り刻んで漬けた大きな桶が置かれ、無数の死体が散乱し、またある建物には鬼たちがたむろしていた。

廓に戻った二人は仲間に自分たちが見た有様を話し、戦いの準備をした。

そして一行は、老僧と若い僧の祈禱の力を借りて、童子が寝ていた鉄石でできた部屋の戸を開けて中に入った――するとそこにいたのは最前の童子ではなく、体長が五丈（十五メートル）もある鬼で、頭と体は赤、左足は黒、右足は白、左手は青、右手は黄色と、五色に色分けられ、頭には五本の角を生やし、眼は十五もあった。

例の老翁たち四人が鬼王の手足をおさえつけ、頼光ら七人は力を合わせて鬼王の首を打ち落とした。このとき、鬼王の首は天に舞い上がって叫びまわり、頼光の兜《かぶと》に喰らいついたが、頼光はとっさに綱と公時の兜を借りて重ねてかぶっていたので難をのがれた。鬼王は綱と公時に眼をくじりぬかれ、ついに息絶えた。

一行は鬼王の死骸を焼き、牢獄に捕らわれていた人を解放し、鬼王の首を輿《こし》に載せて運び出す。

酒呑童子の首　頼光一行は酒呑童子の退治に成功し、首を板輿に載せて運ぶ（『大江山絵詞』部分、公益財団法人阪急文化財団 逸翁美術館）

大江山のもとの道まで帰りつくと、頼光たち一行は老翁たち四人と別れることになり、形見の品を交換したが、交換し終わると四人の姿は幻のように消え失せた。彼らは、じつは住吉・八幡・日吉・熊野の霊神の化身であった。

やがて頼光一行は鬼王の首とともに都に凱旋。天皇・上皇・摂政・関白らの歓迎を受け、道長のはからいで過分な恩賞にあずかった。

鬼王の首は、宇治平等院《うじびょうどういん》の宝蔵《ほうぞう》に納められた。〉

◆史実なのか、それともフィクションか

『大江山絵詞』は絵巻物だが、全体を見ていて目をひくのはやはり異形の鬼・酒呑童子の姿である。絵図には角を生やしてむくつけき相貌をもつ酒呑童子があざやかな筆致で描きこまれ、いかにも鬼のドン

という雰囲気を漂わせている。後世の「鬼」のイメージを決定づけたともいえそうな表象だが、酒呑童子配下の鬼たちには天狗や獣類・鳥類の化け物のような姿をみせるものも散見され、これが描かれた時代にはまだ「鬼」のイメージが多様であったことをうかがわせる。

ところで、この起伏に富んだ鬼退治譚を読んでおそらく多くの人が気にかかるのは、これがなんらかの史実に拠っているのかどうか、ということではないだろうか。

源頼光は平安中期の一条天皇の時代に実在した歴史的人物である。清和源氏満仲《せいわげんじみつなか》の長子で、摂津源氏の祖であり、その武勇で知られたということになっているが、信頼できる史料に彼の武功を示す記述は見当たらない。武士というよりは貴族に近いというのが、頼光の実像だったようだ。

頼光四天王のひとりである渡辺綱は『平家物語』「剣巻《つるぎのまき》」にも頼光の郎党として登場し、一条戻橋《もどりばし》で鬼を斬っているが（40ページ参照）、彼の実在を証明する確実な史料はなく、これもすでに触れたが、架空人物説もある。

このようなことからすれば、酒呑童子伝説は、史実とは切り離してあくまで伝説としてとらえられるべきなのだろうが、平安後期の『今昔物語集』には丹波の大江山をアジトとする盗賊の話もみえる。何らかの史実をもとにして書かれている可能性は排除できない。

◆疫病祓いの陰陽道祭祀の寓意か

一方で、まったく別の観点から、この酒呑童子伝説を平安時代の史実、あるいは社会の現実を象徴的に反映させたものとみる立場もある。

前出の高橋氏の所説がそれで、同氏によると、酒呑童子の原像は、平安時代の都で猛威をふるった疫神《えきじん》、とくに疱瘡《ほうそう》をはやらせた鬼神《きじん》だという。

平安時代から鎌倉時代にかけての京都では、疫病が大流行すると、宮城《きゅうじょう》（大内裏《だいだいり》）の四隅や山城《やましろ》国境の四カ所を祭場として「四角四堺祭《しかくしかいさい》」が朝廷主催でしばしば行われた。先にも触れたが、これは陰陽寮《おんみょうりょう》の陰陽師が行う祭祀で、邪気を祓い、疫病の源泉と考えられた疫神・鬼気の侵入を防ごうという性格のものだった。その情景は、コロナ禍にあえぐ現代の日本社会が空港での検疫を強め、他県との往来に神経質になる姿と重なる。

そして祭場となった山城国境の四カ所とは具体的にいうと逢坂《おうさか》・大枝《おおえ》・龍華《りゅうげ》・山崎で、いずれも都に入る街道の国境にあたる場所だ。注目すべきはこのうちの大枝で、そこは山城国と丹波国の境界にあたる山陰道上の要所であり、大枝山《おおえやま》と老ノ坂峠《おいのさか》がある。

大枝山付近で行われた疫鬼祓いの陰陽道祭祀こそが酒呑童子伝説の原型であり、後世になると、大枝山がより山深い丹波の大江山とオーバーラップされてイメージされるようになったのではないか——。

合理的で説得力のある見方である。

◆京都の境界にある酒呑童子の首塚

髙橋氏は、酒呑童子伝説成立のこのほかの要素として、酒好きの猿の怪物が退治されるという筋書きをもつ中国の小説や、丹後地方に伝承される、聖徳太子の弟・麿子《まろこ》親王が勅命で鬼を退治したという麿子親王伝説の影響なども指摘している。

酒呑童子伝説はストーリーがよく練れていて、晴明や道長といった有名人も話の要所で顔を出し、伝説・説話とするにははばかられるような、創作的な雰囲気も感じられる。室町期のある博識で練達の文人が、筆のすさびで原話をつむいだのではないか——。そんな想像もしたくなる。

ところで、現在は京都と兵庫の府県境にあたる大枝山・老ノ坂峠のそばの森の中には、酒呑童子の首塚と伝わる小丘（首塚大明神）がある。伝承によれば、酒呑童子の首を携え

首塚大明神　酒呑童子は死の間際に今までの罪を悔い、死後は首から上に病気を持つ者にご利益をもたらす守護神となることを誓ったと言われる（京都市西京区）

た頼光一行が都へ帰る途中、この峠で休憩したが、道端の子安地蔵《こやすじぞう》に「鬼の首のようなものを天子様のおられる都へ持ち行くことはならん」といわれ、やむなくこの地に首を埋め、首塚を築いたのだという。

はたしてこの塚に実際に埋められたのは、都人をおびやかした盗賊の首だったのか、それとも人間の疫病への恐怖心だったのか――。

吉備の温羅伝説

——桃太郎の鬼退治の舞台はほんとうに岡山か

◆吉備津神社に伝わる温羅伝説

鬼退治の物語といえば、酒呑童子《しゅてんどうじ》伝説に劣らず有名なのが、昔話の桃太郎ではないだろうか。「桃から生まれた桃太郎が犬・猿・雉《きじ》を家来にして鬼ヶ島の鬼を退治する」というストーリーで、最近ではテレビ・コマーシャルなどにも桃太郎は登場するので、現代人には、酒呑童子よりも桃太郎のほうがなじみ深いかもしれない。

桃太郎物語の起源ははっきりしていないが、まず室町時代末期までに口承の昔話として原型が成立し、江戸時代に入ってから赤本・黄表紙《きびょうし》などの絵本によって広く流布したと考えられている。明治時代には国定教科書に掲載されたため、さらに広まった。

桃太郎についてもさまざまな研究があるが、そのルーツとしてしばしば指摘されるのが、岡山の吉備津神社《きびつ》（岡山市北区吉備津）を中心に伝わる「温羅《うら》」という鬼にまつわる伝説だ。その内容は同社の縁起史料のなかでも種々に伝わっているが、藤井駿『吉備津神社』にもとづいてその大筋をまとめると、つぎのようになる。

〈第十代崇神《すじん》天皇もしくは第十一代垂仁《すいにん》天皇の御代《みよ》、異国から鬼神が吉備に飛来して住みついた。鬼は名を「温羅」とも「吉備冠者《きびのかじゃ》」ともいい、もとは百済《くだら》の王子であった。凶悪な大男で、備中《びっちゅう》の新山《にいやま》に居城を構え、その傍らの岩屋《いわや》山に城を築いた。そして都に送る貢物をかすめとり、婦女子をさらい、暴虐のかぎりをつくしたので、人びとは恐れおののいて彼の居城を「鬼の城」と呼び、天皇にその暴状を訴えた。

そこで、朝廷から派遣されたのが武勇で名高い五十狭芹彦命《いさせりひこのみこと》であった。五十狭芹彦命は吉備中山《なかやま》（吉備津神社の社地）に本陣を置き、西の片岡山に石楯（石の城）を築いて温羅にそなえた。

やがて激しい戦いが始まり、五十狭芹彦命の放った矢が温羅の眼に突き刺さった。温羅は山に逃げ込むが、ついに捕まって降参。温羅は吉備冠者という自分の名を五十狭芹彦命に献じたので、命は大吉備津彦命《おおきびつひこのみこと》と呼ばれようになった。

温羅は首を刎《は》ねられ、首は串に刺されてさらされた。〉

この温羅伝説で鬼退治のヒーローとして活躍する大吉備津彦命（五十狭芹彦命）は『古事記』『日本書紀』に第七代孝霊《こうれい》天皇の皇子として登場する人物で、崇神朝にいわゆる「四道将軍《しどう》」のひとりとして西道《にしのみち》（山陽道《さんようどう》）つまり岡山方面の平定に朝廷から派遣されている。なかば神話的人物だが、吉備津神社は彼を祭神としており、温羅伝説は同社の成立縁起にもなっている。

吉備津神社の北西にそびえる鬼城山《きのじょうざん》（標高四〇〇メートル）の山頂付近に「鬼ノ城《きのじょう》」と呼びならわされている古代山城の遺構があるが（総社市《そうじゃ》）、ここは温羅が築いた城の遺跡とされている。また、五つの巨石が屹立《きつりつ》する墳丘を境内にもつ倉敷市《くらしき》の楯築《たてつき》神社は、大吉備津彦命が築いた石楯の旧跡ということになっている。

このほかにも、岡山には命《みこと》と温羅の伝説に関連づけられる地名・旧跡が点在している。

◆鳴釜神事のルーツは鬼の鎮魂

吉備津神社の温羅伝説は、首斬り後のこととして、つぎのようなことも記している。

〈さらされた温羅の首は、その後何年たっても、うなり響いてやまなかった。大吉備津彦命は髑髏《どくろ》と化したその首を御釜殿《おかまでん》の竈《かまど》の地下深くに埋めたが、それでもなお十三年間うなりやまなかった。

するとある夜、命の夢に温羅の霊が現れ、「阿曾郷《あそ》（鬼ノ城の麓にある村）にいる私の妻に釜殿の神饌《しんせん》を炊かせろ。もし幸あればゆたかに鳴り、禍《わざわい》があれば荒らかに鳴ろう」と告げた。

鳴釜　頭が釜の妖怪が絵馬を手にした姿で描かれている（鳥山石燕『百器徒然袋』、国立国会図書館）

命がその通りにすると、ようやくうなり声も収まった。〉
この話は吉備津神社の鳴釜《なるかま》神事の縁起説話ともなっている。
鳴釜神事は境内の御釜殿の竈にかけられた釜の鳴る音で吉凶を占う神事で、神官と阿曾《あそ》女《め》と呼ばれる二人の巫女によって奉仕される。その霊験《れいげん》は広く知れわたり、江戸時代の文人・上田秋成《あきなり》は『雨月物語』のなかの一編「吉備津の釜」の題材とした。

このように温羅伝説は吉備津神社の歴史と深く結びついているのだが、伝説自体はいつ成立したのだろうか。また、なんらかの史実にもとづいているのだろうか。

温羅伝説の文献上の初出は十六世紀の終わりであり、また鳴釜神事の文献上の初見は室町時代である。そうすると、温羅伝説の成立は、鎌倉時代より昔にさかのぼることは考えにくい。

ちなみに、吉備津神社の文献上の初出は『続日本後紀《しょくにほんこうき》』承和十四年（八四七）十月二十二日条で、この日「備中国無位吉備津彦命」に従四位下《じゅしいげ》の神階が授けられている。吉備津神社の正確な創祀期は不明で、おそらく吉備地方の豪族・吉備氏の氏神としてその歴史をはじめたのだろう。

◆鬼ノ城は七世紀の山城の遺構

温羅が築いたという鬼ノ城の跡はたしかに現存しているが（近年は城跡の整備がすすみ、門や角楼が復元されている）、その実体は七世紀ごろに築かれた山城の遺構とみる説が有力である。

七世紀なかば、新羅《しらぎ》・唐《とう》の侵攻を受けた百済を支援する日本は朝鮮半島に軍を派遣するも、白村江《はくそんこう》で唐・新羅の連合軍に大敗を喫し、百済は完全に滅亡した。唐・新羅の侵攻を恐れた天智《てんじ》天皇は、国防強化のために西日本各地に山城を築いた。また、百済滅亡に際しては多くの百済人が日本に亡命してきたが、その百済人の技術が山城の造営にいかされたとも考えられている。

鬼ノ城は、このようにして築かれた山城のひとつとも考えられているのだ。

だが、軍事的に利用されることなく鬼ノ城が荒廃してゆくと、その由来や歴史が忘れられてゆき、鬼の住みかと考えられるようになった。さらに、百済人が造営に協力したことが訛伝《かでん》されて、城主の鬼の出自が百済の王子だと語られるようになった――温羅伝説のルーツをこんな風に推測することもできよう。

◆酒呑童子伝説と温羅伝説の類似が語ること

桃太郎との関係はどうだろうか。

先に記したように、桃太郎童話の成立は室町時代にさかのぼるが、その発祥地は明確ではない。桃太郎童話は、話の細部を微妙に変えつつも、全国各地で民話として語り伝えられてきたからだ。

「桃太郎のモデルは吉備津彦」「鬼ヶ島のモデルは鬼ノ城」といった話を聞いたことがある読者もいるかもしれないが、桃太郎伝説発祥地を称する土地は全国にいくつもあり、岡山はそのうちのひとつにすぎない。

しかも、桃太郎岡山発祥説が本格的に唱えられるようになったのは、どうやら昭和に入ってかららしい。昭和のはじめごろ、岡山在住の難波金之助という彫金家が『桃太郎の史実』という本を出版し、このなかで桃太郎の鬼退治譚を大吉備津彦命による温羅征討伝承とはじめて明確に結びつけ、桃太郎岡山発祥説を唱えたからだ。

この説は当初はあまり注目を浴びなかったが、戦後の昭和三十年代後半になってから一気に広まった。岡山県で国民体育大会が開催された際、当時の県知事が桃太郎岡山発祥説に目をとめ、桃太郎を県のシンボルに活用し、「桃太郎の故郷は岡山！」が全国的にアピールされたからだ。つまり、一種の地域おこしの宣伝戦略として桃太郎が駆り出されたのだ。桃太郎が携える黍《きび》団子の「黍」と岡山の旧名「吉備」がかぶっていることや、もともと桃の栽培が盛んだったことも幸いして、このアピールは大成功を収め、桃と「きびだん

鬼ノ城　桃太郎伝説の地でもある鬼城山に築かれた古代山城（岡山県総社市）

ご」は岡山名物となったのである。

そんなようなわけで、昔話の桃太郎と温羅伝説のつながりは、それほど深いものではない。

むしろ気になるのは、温羅伝説と酒呑童子伝説の関係だ。

鬼の首を斬って退治のあかしとするという展開は両者によく共通している。室町時代に広まりだした酒呑童子伝説に刺激されて、岡山で鬼ノ城や鳴釜神事の説話を盛り込みながら温羅伝説が形成されていった――そんな経緯も想定できるのではないだろうか。

江戸怪談と鬼女たち

——心の闇に巣食う「魔」の形象化

◆鬼のライバル、幽霊の登場

鬼や妖怪の伝説・物語は、室町時代からは絵巻物や絵本といった絵物語のスタイルをとって盛んに流布されるようになった。おかげで、それを享受する層の裾野は、貴族から僧侶、武家、そして庶民へと、中央から地方へと広がっていった。

だが江戸時代になると、怪異現象の世界において、鬼を含めた妖怪たちにきわめて強力なライバルが現れた。「幽霊」である。

幽霊という言葉の定義は一様にはいかないが、「この世に怨念を残して死んだ者の霊魂が成仏できずにこの世に現す姿」というのが、さしあたっての最大公約数的な定義となろう。イメージの点では、幽霊は、鬼や天狗のように化け物的な形象をとらず、生前の姿のままで現れるというのが基本になっている。

江戸時代に幽霊に人気が出たのは、怪談をテーマとした文芸や芝居、絵画の隆盛の影響が大きいといわれる。有名なのは、主家秘蔵の皿を割ったために井戸に投身した（もしくは惨殺された）下女が幽霊となって現れて皿の枚数を悲しげに数えるという筋の怪談『皿《さら》屋敷《やしき》』、夫に裏切られ毒薬を盛られて醜い顔に変えられたお岩《いわ》が恨みを述べつつ絶命し幽霊になって祟るという歌舞伎『東海道四谷怪談』（鶴屋南北作）といったところだろう。

これらについては実話がもとになっているとか、いや完全な創作だといった議論があるが、ともかくこうした怪談の人気もあって、足がない、髪を乱した女性、白装束で額に三角の紙（天冠《てんかん》）をはっている、恐ろしい形相で手を垂れ下げる、といった現代人も共有する幽霊イメージの定型がつくられていった。

◆江戸随筆に散見される実録・鬼ミステリー

それでは、お化けたちが跳躍するなか、活躍の場を失った鬼たちは伝説や昔話の世界にすっかり追いやられ、人びととの関心は薄れてしまったのだろうか。

どうもそうではないらしい。江戸時代の随筆には鬼にまつわる実話的な見聞譚《けんぶんたん》が散見され、人びとが鬼という超自然的存在を引き続き恐れていたことがわかるからだ。

『新著聞集《しんちょもんじゅう》』は寛延《かんえん》二年（一七四九）に刊行された随筆集だが、宝永《ほうえい》（一七〇四〜一七一一）ごろにまとめられた『続著聞集』を、紀州藩士・神谷養勇軒《かみやようゆうけん》が再編集したものとされている。世間話的な説話を集めたものだが、奇話・奇談のたぐいが少なくなく、鬼も登場していてなかなか興味深い。『今昔物語集《こんじゃくものがたりしゅう》』の系譜を継ぐものだろう。

たとえば第十一巻には、「妬《ねた》み女、鬼と為る」と題された、つぎのような「実話」が記されている。

〈江戸中橋《なかばし》に高野庄《こうのしょう》左衛門《さえもん》という男がいた。彼の妻は異常なほどに嫉妬深く、ついには病気になって寝込んでしまった。

夫はつきっきりで看病していたが、ある夜、突然妻が起き上がり、「ああ、腹が立つ」と言うや、二本の指を口に入れて、耳もとまで口を引き裂き、髪をはげしく逆立て、夫に飛びかかってきた。夫が「誰か来てくれ」と叫ぶと、下人や近所の人たちが夜具や布団を手にして走り寄ってきて、六、七人が折り重なって女を押し殺した。

女は夜具を載せられたまま長櫃《ながびつ》に押し込められ、寺に送られた。

その後、夫も心を病み、百日ばかりのちに身まかった。〉

嫉妬深い妻が鬼女になったという話で、貴船明神《きぶねみょうじん》で妬む相手の呪殺を祈請《きせい》した「宇治の橋姫」（41ページ参照）や能の『鉄輪《かなわ》』に通じるものがある。

◆死者を襲う火車と鬼

つぎは巻十の「葬所に雲中の鬼の手を斬《きり》とる」。

〈松平五左衛門が従弟の葬儀に参列した際、雷が鳴って棺の上に黒雲がかかった。五左衛門はとっさに棺の上に手を掛け、空を見上げると、雲の中から熊の手のようなものがあらわれた。そこで刀を抜くと、手応えがして雲が晴れた。

地面をみると、おびただしい血が流れていて、その中に、爪が三つつき、銀の針を並べたように毛の生えた、恐ろしげな物が、斬り落とされてあった。そのため、五左衛門の刀は「火車切《かしゃきり》」と名づけられた。

火車切はその後、五左衛門の娘婿に譲られたが、嫁ぎ先の諏訪若狭守《すわわかさのかみ》が所望したので、若狭守に贈られた。〉

鬼の腕を斬り落としたというのは、一条戻橋《もどりばし》での渡辺綱《わたなべのつな》の鬼退治伝説（40ページ参照）を彷彿させる。

火車　葬送時に死体を奪う妖怪とされ、全国に伝承が残る（鳥山石燕『画図百鬼夜行』、国立国会図書館）

「火車切」という語については説明が必要だろう。

「火車」は本来仏教語で、生前、悪事を犯した罪人を地獄に運ぶ、火の燃えている車のことを意味する。ここから転じて、葬送時ににわかに起こって棺を吹き飛ばす風雨が火車に見立てられ、近世の人びとはこれを、悪業《あくごう》を行った者の葬列を襲って棺の屍を取り去る妖怪の仕業とみた。後世には、火車は猫が化けたものともいわれるようになる。

その火車の怪異の正体が、この話では鬼に見立てられ、その腕を斬った刀が「火車切」

と名づけられたのだろう。名刀の由来譚になっているという点でも、「鬼丸《おにまる》」を操った綱の鬼退治伝説に通じている。

同じ巻の「面《まのあたり》に火車を見る」でも、火車が鬼と結びつけられている。

〈一雪《いっせつ》の親の下女に、西京出身の者がいた。その下女が、伯父が亡くなる七日前から「青鬼・赤鬼の姿をした者が来る、恐ろしい」などと言って昼夜泣き叫び、やむことがない。七日目には「ああ苦しい、その火車に乗れとは。ああ悲しい、許して」と叫び、手を合わせて足摺りをする。だがそのうち「行かないわけにはいかないのですね。仕方がない」と言い、ふと立って走り出した。だが、門口の敷居につまずいて倒れ、そのまま死んだ。〉

一雪は、『新著聞集』の元本である『続著聞集』の序文を書いた人物（椋梨《むくなし》一雪）である。

◆心の闇を映し出す鬼女たち

寛保《かんぽう》三年（一七四三）刊の『諸国里人談《しょこくりじんだん》』という各地の奇談・奇話を集めた随筆集からは、「鬼女《おにおんな》」（巻二）と題された記事を紹介してみたい。

〈享保《きょうほう》（一七一六～三六年）のはじめ、三河国宝飯《ほい》郡舞木《まいぎ》村の新七という男の女房は京都

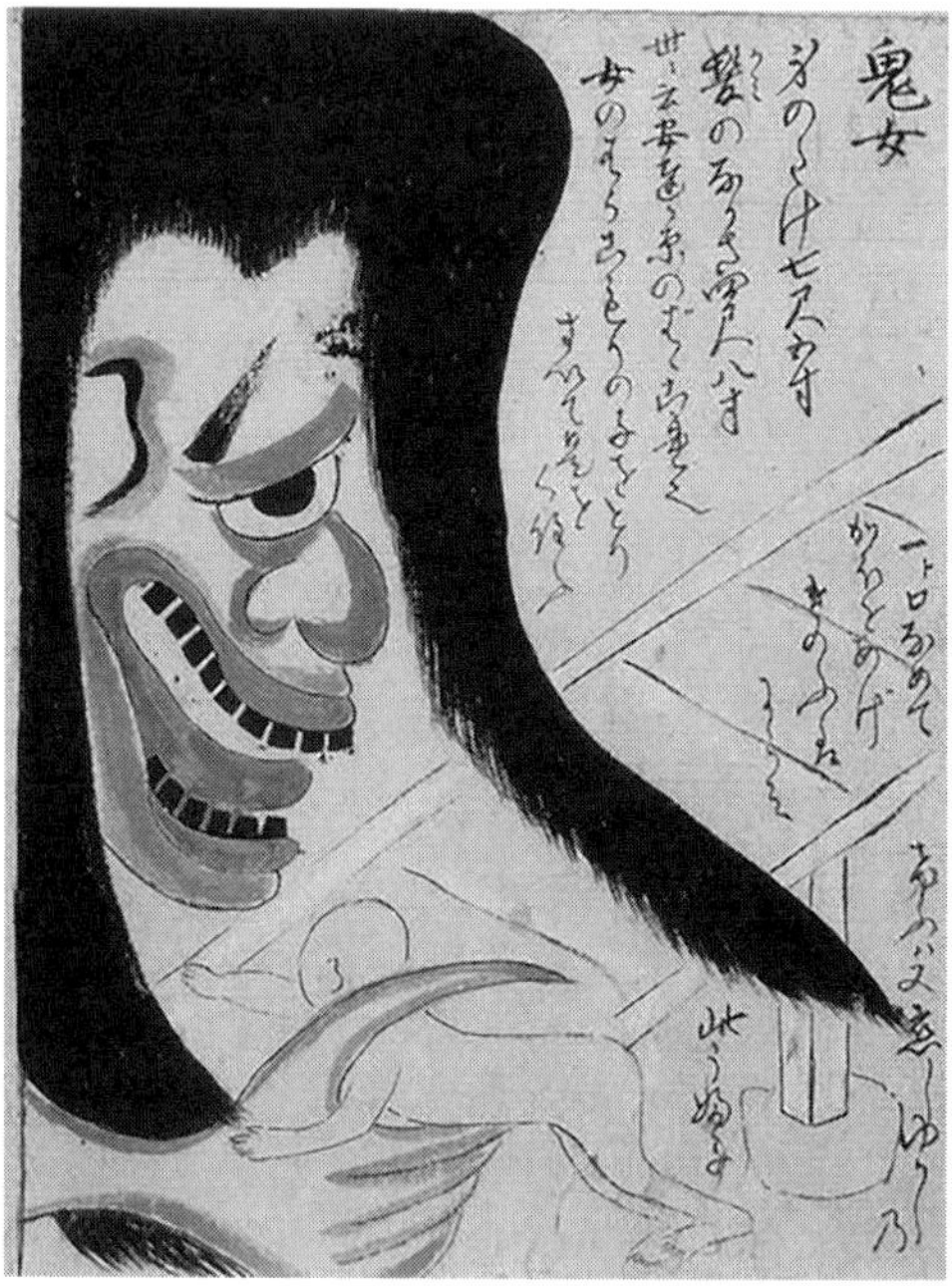

鬼女　女性が宿業や怨念によって鬼と化したものとされ、老婆姿のものは鬼婆という（『土佐お化け草紙』、高知県佐川町教育委員会）

の出身だったが、いつも心がとげとげしく、ついに気がふれてしまい、夫は逃げ出した。女はその後を追ったが、関所を通ることができずに、むなしく帰った。

　しかし、女は瞋恚《しんい》の炎を燃やして乱心にいたった。そのときちょうど近所に死人が出て火葬が行われていたが、林の中の焼き場に行って半焼けの死人を引き出し、腹を裂き、臓腑をつかみ出して器に入れ、そうめんを食べるように喰べはじめたのだ。

　火葬の具合を見にきた施主がこの様を見て驚愕し、村人たちは棒で女を追い立てた。女は「おいしいから、おまえらも喰え」などと言って踊りくるい、蝶や鳥のように翔けて姿を消した。

その夜、近くの山寺で器から人肉を喰らう女を僧侶が見つけ、早鐘で里に知らせると、村人たちが急いで集まってきた。女は「ここもまた騒がしい」と言うと、山奥へ消えた。生きながら鬼女になったというこの事件を村人が役所に訴え出ると、そのことが書かれたお触書《ふれがき》が出された。〉

この話や『新著聞集』の「妬み女、鬼と為る」もそうだが、鬼の正体を貪欲邪心の女性と説く話が近世には目立つ。

結局、江戸時代に入っても、鬼に対する素朴な恐怖心や畏怖は人びとのあいだに残存していた。そして、常軌を逸した人間の奇行や説明のつかない怪異の正体として、しばしば鬼が持ち出されたのである。人に似て人にあらざる鬼という悪魔の化け物の仕業ということである。

身の毛もよだつ鬼の姿は、人間の心の闇に巣くう「魔」の形象化でもある。現代でも、猟奇的な殺人事件が起これぱその犯人を「殺人鬼」と形容することがあるが、それは、江戸期の随筆に登場する「鬼」と同じように、誰もがかかえている心の魔性の隠喩として理解すべきなのだろう。

コラム1

鬼舞辻無惨と八百比丘尼

『鬼滅《きめつ》の刃《やいば》』における鬼の総帥・鬼《き》舞《ぶ》辻《つじ》無惨《むざん》は、鬼の始祖でもあり、もとは平安時代の人間だったという（第百二十七話）。人間だったときの彼は病弱で、若くして重い病の床につき、ついには死を待つばかりとなった。そのとき、善良な医師が献身的な治療にあたっていたが、薬を飲んでも病状が悪化したことに無惨は腹を立て、医師を殺害。それがきっかけとなって、無惨は人間の血肉を食する鬼となり、大正時代にいたるまで、じつに千年にわたり、太陽の光を避けながら生きつづけてきたのだという。

日本の鬼にまつわる古来の伝説・説話をみると、鬼は、超人的な存在なので人間よりも長寿であろうことは予測がつくが、とくだん長生きを属性としているようには思えない。鬼の出現というだけで異常事態であるからか、千歳まで生きつづけた鬼の話というのは見受けられない。

だが、鬼に限定せず、桁外れの長寿や不老を特色とする日本の怪異ということであれば、無惨のモデルとしてあげることができるのが、「八百比丘尼《はっぴゃくびくに》」だ（「八百比丘尼《やおびくに》」とも読まれる）。

その昔、父親が庚申《こうしん》の夜、異人の邸《やしき》から持ち帰った人魚の肉を、年若い娘がそれと知らずに食べてしまった。すると、その娘は歳をとらない不老のからだとなり、嫁に行っても娘のままで、子供も生まれない。夫に先立たれると若い夫をもったが、その夫とも死に別れ……という具合で、しだいに娘は世をはかなみ、ついに髪を下ろして尼僧となった。

そして諸国をめぐって仏道を説いたのち、八百歳になると、その娘すなわち八百比丘尼は帰郷し、洞窟に入り、食を断って入定《にゅうじょう》したと

人魚図　古くは『日本書紀』にも記録のある人魚は日本各地に伝説が残る（鳥山石燕『今昔画図続百鬼』、国立国会図書館）

八百比丘尼入定洞　小浜藩酒井家の菩提寺である空印寺の境内には、八百比丘尼が入定したとされる洞窟が残る（福井県小浜市）

いう。入定とは、禅定したまま死を迎えることで、つまり即身仏《そくしんぶつ》になることである。

不老長生の八百比丘尼に関する伝説は東北から九州まで各地に残されているが、彼女の故郷を若狭《わかさ》国小浜《おばま》とするものが多く、同地にある空印寺《くういんじ》の境内には八百比丘尼の入定地と伝えられる洞窟がある。

『康富記《やすとみき》』という室町時代の公家の日記には、文安《ぶんあん》六年（一四四九）五月のこととして、「若狭から二百歳の比丘尼が京都に上って話題になった」という記述がある。比丘尼は洛中の地蔵堂に滞在し、京の人は木戸銭のようなものを払って見物したらしい。

現代の空印寺は、福徳長寿の隠れたパワースポットとなっている。

第二章

日本の闇に蠢く「異形のもの」列伝

——異界からの訪問者を総覧する

日本の伝説・史書に現れる異形の化け物は、もちろん鬼に限られるわけではない。逆にいえば、鬼は、日本人が伝承し、恐れてきた、多種多様な怪異・異類のなかのひとつであるにすぎない。

そして、それらの怪異・異類には、鬼の原像と表現できそうなものもあれば、鬼の発展形とも表現できる要素をもったものもある。そうしたもののなかから、代表的なものを紹介してみたい。

土蜘蛛 つちぐも

土蜘蛛とは、古代において、天皇や朝廷への服従を拒んだ土着民・土豪に対して用いられた蔑称である。

『古事記』では「土雲」と書かれるが、神武《じんむ》天皇が東征した際、忍坂《おさか》（奈良県桜井市忍《おっ》阪《さか》）で倒される民として登場する。彼らは大室《おおむろや》（穴倉）に住み、尾が生えていたという。

『日本書紀』では、神武に抵抗した土蜘蛛の容貌が「からだが短く、手足が長く、侏儒《ひきひと》に似ていた」と形容されている。景行《けいこう》天皇紀の天皇西征の記事にも土蜘蛛が登場するが、

土蜘蛛　源頼光の背後に近づく土蜘蛛（歌川国芳『源頼光公館土蜘作妖怪図』部分、国立国会図書館）

彼らは九州豊後国《ぶんご》（大分県中部・南部）の岩屋に住み、やはり皇命に従わなかったので、討伐されている。

土蜘蛛という名称の由来について、「長い手足が蜘蛛に似ていたから」と単純に考える説があるが、逆に、不服従の先住民を奇怪な虫の姿にたとえて土蜘蛛と蔑称したことから「穴居する手足が長い人たち」という解釈が生じたとする見方もある。

土蜘蛛は奈良時代はじめに各地で編纂が開始された『風土記《ふどき》』にも登場し、『常陸国《ひたちのくに》風土記』には「かつて国巣《くにす》と呼ばれる人びとがいて、土蜘蛛・八掬脛《やつかはぎ》、あるいは山の佐伯《さえき》、野の佐伯とも呼ばれたが、いつも穴に棲み、人が来れば穴に隠れ、去れば野に出て遊んだが、獰猛だったので、今は滅ぼされた」と記されている（茨城《うばらき》郡条）。国巣（「国に住む人＝土着民」の意か）、八掬脛（「長い脛」の意）、佐伯（「皇命を遮る存在」の意か）は、土蜘蛛の異称ということになろう。

このように、土蜘蛛は朝廷側から敵視・蔑視されていたが、珍しいことながら、『風土記』には彼らを好意的に記す箇所もある。

「大山田女《おおやまだめ》・狭山田女《さやまだめ》という二人の土蜘蛛が豪族に祭祀の仕方を教えた」（『肥前国《ひぜんのくに》風土記』佐嘉《さか》郡条）、「二人の土蜘蛛がニニギノミコトに稲作を教えた」（『日向国《ひゅうがのくに》風土記』逸文）というのがそれで、土蜘蛛が文化英雄的な性格も有していたことを示唆している。

土蜘蛛は、弱者・敗者だったがゆえに征服者側によって異形の姿にイメージされたが、ローカルな視点からみれば、未開の沃野を切り拓いた英雄であり、勇者であった。そして結果的に王権に服従し、その支配下に組み込まれた土蜘蛛もいたが、大多数の土蜘蛛は討たれたり追いやられたりして姿を消していった。

そんな土蜘蛛は、中世には妖怪として復活した。

『平家物語』「剣巻《つるぎのまき》」には、熱病にかかった源頼光《みなもとのよりみつ（らいこう）》を襲う怪しげな僧の正体が、じつは北野天満宮の後ろの塚に住む巨大な山蜘蛛であることがわかり、頼光が宝刀で退治したという話がある。この話は能の『土蜘蛛』に脚色され、北野天満宮そばの東向《ひがしむき》観音寺には土蜘蛛塚が現存する。

この話には別の系統もあり、『土蜘蛛草紙絵巻』（鎌倉時代）では、頼光が廃屋で種々の妖怪に遭い、最後は洞窟に巨大な土蜘蛛を見つけて退治するという筋になっていて、絵巻にはまさしく蜘蛛の化け物としての土蜘蛛が描かれている。『鬼滅の刃』には、七つの眼をもち、牙を何本も生やした巨大鬼「蜘蛛の鬼」が登場するが（第三十四話）、これも土蜘蛛の系譜をついでいるのだろう。

仏教系の鬼　ぶっきょうけいのおに

仏教の経典にはさまざまな「鬼」的キャラクターが登場する。いくつか挙げてみよう。

◉餓鬼《がき》

サンスクリット語ではプレタといい、元来は「死者」「死者霊」を意味した。仏教では、

餓鬼道の餓鬼　激しい空腹に苛まれ、人糞を食する様が描かれている（『餓鬼草紙』部分、国立国会図書館）

輪廻《りんね》する世界である六道《ろくどう》（または五道）のひとつである餓鬼道の存在を餓鬼と呼んでいる。餓鬼道は畜生（動物）道の下位にあり、嫉妬深かったり物惜しみや貪りの心が強かったりする人間が死後に転生する世界で、ここに転生すると餓鬼となり、食べ物や飲み物を得られずに飢えに苦しむ。腹のみふくれた、やせ細った姿で描かれる。

◉夜叉《やしゃ》

サンスクリット語でヤクシャ、パーリ語でヤッカという。薬叉とも書かれる。古代インドで森林に住むと信じられた神霊がルーツ。仏教には仏法護持の守護神として取り入れられたが、悪人を喰い、善人を守護するとされた。また特定の神霊を指すのではなく、仏教の鬼類全般の

鬼子母神　インドで夜叉の娘として自分の子どもを育てる一方で、他の子どもをさらい食らうため恐れられた。のちに非道を悔い改め、安産と子育ての神となった（東京都豊島区）

総称とされるが、毘沙門《びしゃもん》天《てん》の眷属《けんぞく》や、釈迦の眷属である八部衆《はちぶしゅう》のひとつにこの名をもつ尊格がある。薬師如来《やくしにょらい》の眷属である十《じゅう》二神将《にじんしょう》は十二夜叉大将ともいい、各神将は七千の夜叉を率いているという。中国風の甲冑《かっちゅう》をまとった武将形で表現されることが多い。古代インドの悪神だったが、釈迦に教化されて仏教を護る荒ぶる善神になった、というイメージである。

◉羅刹《らせつ》

サンスクリット語でラークシャサ、パーリ語でラッカサという。インド神話に登場する悪魔の一種で、しばしば夜叉と同一視されるが、人をたぶらかし、血肉を喰うという。仏教には仏法の守護神として取り入れられ、十二天のひとつに、西南の方位を守護するものとして羅刹天がいる。甲冑をつけ、刀を持った姿で描かれる。また、『法華経《ほけきょう》』には、法華行者《ほっけぎょうじゃ》の守護神として鬼子母神《きしもじん》とともに十羅刹女《じゅうらせつにょ》つまり十人の羅刹女が説かれている。ちなみに、鬼子母神はもとは幼児を奪い殺す悪鬼だったが、釈尊に教化されて仏教に帰依《きえ》し、安産・育児の守護を誓ったと伝えられている。また、密教で禁断の秘法の本尊として信仰される荼吉尼天《だきにてん》は、人の死を六カ月前に予知し、その人間が亡くなると死肉を喰うとされるが、一般的には夜叉や羅刹の仲間に含められる。

● 天邪鬼《あまのじゃく》

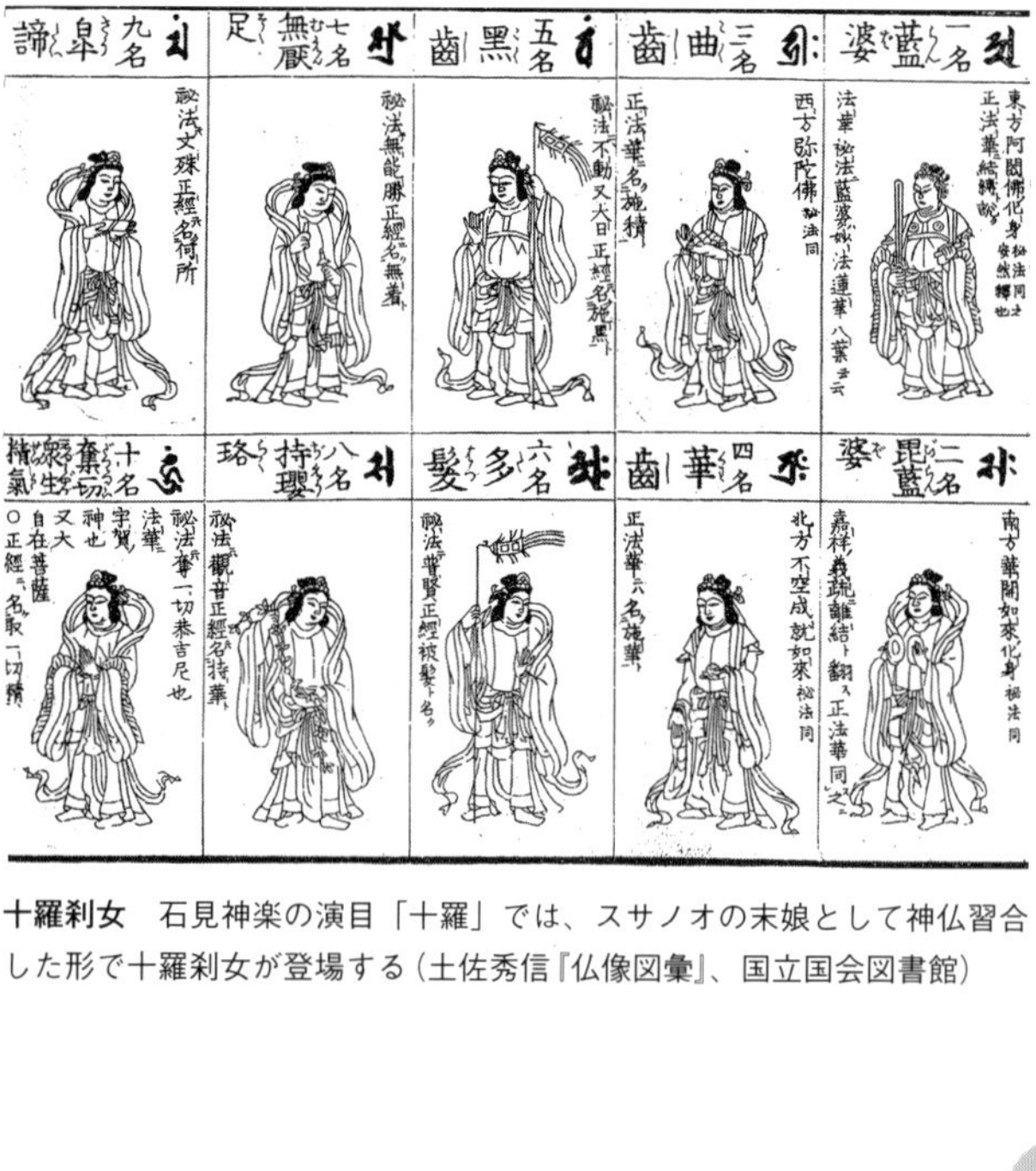

十羅刹女　石見神楽の演目「十羅」では、スサノオの末娘として神仏習合した形で十羅刹女が登場する（土佐秀信『仏像図彙』、国立国会図書館）

仏教で北方を司る護法神である毘沙門天の鎧《よろい》の腹部にある鬼面のことを、中国では海《かい》若《じゃく》、河伯《かはく》などと呼んだ。日本では海若の訓読「あまのじゃく」から、人間の望みを邪魔する日本古来の妖怪・天邪鬼《あまのじゃく》と習合してこの字があてられるようになったものらしく、毘沙門天を含む天部の諸神が足で踏みつけている小鬼のことも天邪鬼、あるいはたんに邪鬼《じゃき》と呼ぶようになった。造像例としては法隆寺金堂の木造四天王像（六五〇年ごろ）の足下の邪鬼が有名である。邪鬼は外道《げどう》の神を象徴し、それを踏みつけることは仏法守護、仏教帰依の象徴である。

日本に仏教が公式に伝来したのは六世紀なかばごろで、以後、在来の信仰と習合しながら、日本社会に浸透していった。そうしたなかで、日本の鬼は、ここに紹介したような仏教系の鬼類の影響も大きく受けつつ、そのイメージを増幅させていったのである。

天逆毎（あまのざこ） 天邪鬼や天狗の先祖とされる（鳥山石燕『今昔画図続百鬼』、国立国会図書館）

雷神　らいじん

雷を起こすと信じられた神。雷鳴と稲妻の神格化である。

雷は「神鳴り」ともいうように、いにしえの人びとはこれを雲上にいる雷神のしわざと信じ、落雷は神の地上への示現《じげん》としてとらえられた。

雷はイカヅチともいうが、これは「厳《いか》つ霊《ち》」の意といわれ、雷が猛烈な威力をもつ魔物ととらえられてきたことを示す。『古事記』神話で、黄泉国《よみのくに》のイザナミの死体に取りつく八種の雷神《いかづちがみ》は、そのような魔物としての雷神《らいじん》にあたるだろう。

平安時代には雷神は、死後に怨霊《おんりょう》になったと信じられた菅原道真《すがわらのみちざね》への信仰と結びついた。その要因はいくつか挙げられるが、ひとつには、延長八年（九三〇）に内裏清涼殿《だいりせいりょうでん》への落雷で複数の死者が出たことが、三十年ほど前に左遷先の九州で憤死した道真の怨霊のなせるわざと信じられたからである。

また、十世紀なかばには大内裏北方の北野の地に道真霊を鎮撫する北野天満宮《てんまんぐう》が創祀されたが、北野は雷がよく落ちるところで、天満宮の創祀以前から豊作を祈る雷神（雷公《らいこう》）

の祭祀が行われていたともいう。

　こうしたことから、道真への信仰と雷神への信仰が習合し、怨霊としての道真は「火雷《からい》天神《てんじん》」としても信仰されるようになっていったのである。

　『北野天神縁起絵巻』（鎌倉時代成立）の清涼殿に雷が落ちるシーンには、怨霊神道真の化身ともいえる雷神が、角を生やし赤色の裸身にふんどしをつけ、連鼓を背負った鬼の姿で描かれている。このような雷神像のルーツは中国にあるともいわれているが、日本では雷神の典型となった。俵《たわら》屋宗達《やそうたつ》の「風神雷神図屏風《ふうじんらいじんずびょうぶ》」（十七世紀／京都・建仁寺《けんにんじ》蔵）に描かれている雷神などもまさしくその姿である。こうした雷神像は、中世の鬼のイメージの形成にも大きな影響を与えたとみられる。

　このように雷神は災いや祟りと関連

雷神　太鼓を叩いて雷鳴と稲妻をおこす雷神の姿が描かれている（川原慶賀『風神雷神図』部分、蘭・ライデン国立民族学博物館）

づけられるので邪神視されがちだが、その一方で、雷光が稲の実をはらませるという信仰も古くからあった。稲妻《いなづま》、稲光という言葉はそのことを反映したもので、雷神は民間信仰における農業や雨水の神としての古い歴史ももっているのである。

天狗　てんぐ

山を住みかとする妖怪の一種。赤ら顔で鼻が高く、眼光が鋭く、鳥のようなくちばしをもっていて、山伏《やまぶし》のような服装で羽団扇《はうちわ》をもっているというのが一般的なイメージで、自在に空を飛ぶことができるという。

当初は仏法を妨げる魔物とされたが、中世には山を拠点とする修験者《しゅげんじゃ》と関連づけられた。山岳修行で験力を身につけた山伏の姿が、山に棲んでマジカルな力を操る天狗と結びつけられた

鞍馬駅前の大天狗　牛若丸に剣術を教えたという伝説で知られ、鬼一法眼と同一視されることがある（京都市左京区）

のである。そして、修験道の主要な霊場には固有名をもつ大天狗が棲んでいると信じられるようになった。俗に「八天狗」と称される天狗界の有名なボスたちを紹介してみよう。

◉愛宕山《あたごやま》の太郎坊

京都・愛宕山に棲む大天狗。「日本第一の天狗」と称される。第一章の「兵乱を巻き起こした天狗たち」の項（75ページ）を参照。

◉鞍馬山《くらまやま》の僧正坊《そうじょうぼう》

京都・鞍馬山の僧正ガ谷に棲む。源義経《みなもとのよしつね》（牛若丸）に兵法の奥義を伝授したという。僧正ガ谷の天狗の居処とされる場所に、現在は魔王殿（鞍馬寺の別殿）が建つ。魔王殿は魔王尊が降臨した地と伝えられるが、魔王尊は鞍馬の大天狗を神格化したものだろう。

◉比良山《ひらやま》の次郎坊

琵琶湖西岸の比良嶽《ひらだけ》に棲む。愛宕山の太郎坊についで神通力があるという。

◉飯縄《いづな》の三郎坊

信州の飯縄山（飯綱山）に棲む。飯縄修験者に信仰された飯縄権現《ごんげん》は白狐に乗った天狗形で描かれるので、三郎坊への信仰も習合しているのだろう。

◉大山《だいせん》の伯耆坊《ほうきぼう》

伯耆大山（鳥取県）に棲む（後に相模《さがみ》の大山《おおやま》に移ったとも）。大山は大智明《だいちみょう》権現を祀る修験霊場として栄えた。

◉彦山《ひこさん》の豊前坊《ぶぜんぼう》

福岡県の英彦山《ひこさん》（彦山）に棲む。英彦山は一大修験霊場で、山内には豊前坊という坊社があった（明治以後は高住《たかすみ》神社と改称）。建物の奥は岩窟で、役小角《えんのおづぬ》が修行して蔵王権現《ざおうごんげん》が示現《じげん》したところだという。

◉大峰《おおみね》の前鬼坊《ぜんきぼう》

修験道の根本道場である大峰山を拠点とする。大峰山は奈良県南部の大峰《おおみね》山脈の山上ヶ岳、大普賢岳《だいふげんだけ》、釈迦ヶ岳などの諸峰の総称だが、とくに山上ヶ岳のことを指す場合もある。役小角が蔵王権現を感得した地とされる。前鬼坊の名は役小角に仕えたという前鬼に由来するか。

◉白峯《しらみね》の相模坊《さがみぼう》

讃岐《さぬき》の白峯山（香川県坂出市）が拠点。ここは崇徳《すとく》上皇が配流《はいる》された地で、現在は崇徳陵である白峯陵とその菩提《ぼだい》を弔う白峯寺がある。相模坊は天狗に化したと伝えられる崇徳上皇の霊前に仕えたとされる。

　これらの大天狗は反体制的な魔王として恐れられたが、勧善懲悪・仏法守護を行うこともあり、善悪両面の要素をもつ。

　また、怨霊や堕落した僧侶が天狗に変じるとも信じられたが、その場合の姿は、中世には鳶《とび》の頭と羽をもつ僧、近世以降は烏《からす》天狗（烏のくちばしのような口つきをした小天狗）としてイメージされた。鎌倉時代には、諸大寺の驕慢な僧侶たちを天狗にたとえて描いて風刺した『天狗草紙』という絵巻も制作されている。

山伏の格好をした天狗　木曾義仲に鼻を摑まれる場面が描かれている（月岡芳年『美勇水滸傳』、国立国会図書館）

　江戸時代後期のことだが、江戸下谷《したや》の寅吉《とらきち》という少年が「天狗にさらわれて常陸《ひたち》国の山中の仙境を訪れ、現界と往還をして神仙の修行を積んだ」という趣旨の証言をして話題を集めた。これに強く関心を抱いたのが国学者の平田篤胤《あつたね》で、彼は少年寅吉を自宅に招いて詳しく話を聞き、『仙境異聞《せんきょういぶん》』という書をものした。寅吉によれば、仙境のリーダーは、杉山僧正《そうしょう》という名の天狗の首領だったという。

憑き物 つきもの

「憑き物」は、文字通りの意味では「ある人間に憑依したモノ（霊的存在）」のことである。だが、民俗学や民間信仰の世界では、人間や家に取り憑いて病気や死などの不幸をもたらすと信じられた、動物の霊のことをとくに「憑き物」と呼ぶ。

憑き物になる動物、つまり人や家に憑依《ひょうい》すると信じられた動物の例としては、キツネやイヌ、ヘビ、タヌキ、ネコ、サルなどが挙げられるが、とりわけキツネとイヌが憑き物となるケースが多く、憑き物としてのイヌの霊はとくにイヌガミ、インガメなどと呼ばれる。

具体的なケースを想定してみよう。たとえば、ある村落の住人の言動が急におかしくなり、イヌのような妙な唸《うな》り声をあげたり、四つん這いになって歩き出したりしたとする。

すると家族はこれをイヌガミに憑かれたためと信じ、祈禱師《きとう》を呼んで祓い落としてもらう。祈禱のあいだ、その人物はあばれたりはねたりするが、やがておさまって普段の状態に戻る。このような憑き物現象は、昭和年代までは地方ではけっして珍しいことではなかった。

犬神　狐憑き、狐持ちなどとともに、西日本に広く分布する犬霊の憑き物(鳥山石燕『画図百鬼夜行』、国立国会図書館)

尾崎狐　秤を持つ男の懐や右袖の下からオサキ（尾崎）が顔を覗かせている(竜斎閑人正澄『狂歌百物語』、国立国会図書館)

憑き物には地域ごとの傾向や特色があり、たとえば、イヌガミは四国に多いが、関東地方にはオサキ、中部地方にはクダショウ、山陰にはニンコなどと呼ばれる憑き物があり、これらはキツネの霊の一種とされている。また、トウビョウと呼ばれる蛇系の憑き物は中国・四国に多く分布する。飛騨《ひだ》地方のゴンボダネ（牛蒡種）のように、その正体が動物霊かどうかもはっきりしない例もある。

憑き物は特定の家系に結びつくとも信じられ、これをしばしば「筋《すじ》」「モチ」と表現した。たとえば、「あの家はイヌガミ筋だ」とか「あそこはキツネモチの家だ」といった具合である。そしてキツネモチ、イヌガミモチ、オサキモチなどの家の者は、それぞれ人にキツネ、イヌガミ、オサキなどを憑かせる力を持っていると信じられた。

憑き物の家筋の分布も地域によって差があり、かつては山陰や四国、九州東部にその例が多くみられた。なぜ憑き物筋の民俗が形成されたのかについては諸説ある。近年ヒットしたホラー映画『犬鳴村《いぬなきむら》』（二〇二〇年）は現代が舞台だが、イヌガミの憑き物筋を題材に取り込んでいる。

かつては憑き物モチの家とは縁組みしないなどという差別もみられたが、キツネやイヌが財貨を運んでくるので憑き物筋は裕福になるともいわれ、憑き物は近世以降の貨幣経済の発展とも関係があるといえる。

河童 かっぱ

川や沼、池などの水界に棲むと信じられてきた妖怪である。全国に伝承があるが、カッパという呼び名はもとは関東地方で用いられたもので、カワコ、カワランベ、ガメ、エンコウ、カワシソウ、ミズシ、メドチ、水虎など、地域によってじつに多様な呼称がみられる。

基本的な特徴を挙げると、人間の子供ぐらいの背丈で、とがったくちばしをもち、背には甲羅を負い、手足の指の間には水かきがある。左右の腕は体内でつながっていて、片方を伸ばすともう一方が縮む。ザンバラ髪で、頭の上には皿状のくぼみがあり、ここにたまる水が生命力の源で、水がなくなると衰弱し、放っておくと死んでしまう。好物はキュウリや瓜で、人間の血や内臓も好み、尻子玉《しりこだま》（肛門

河童 釣り人が河童に放屁する様子が描かれている（月岡芳年、国立国会図書館）

にあると想像された玉）を引き抜いて食すという。また、相撲を好み、しばしば人間に挑む。

牛馬を川に引きずり込んだり、川で遊ぶ子供を溺死させたり、人に憑いて苦しめたりといった悪鬼的な属性をもつが、その一方でいたずら好きでちょっと間抜けという側面もあり、牛馬を引き込むのに失敗して人間に捕まって腕を切られたり、詫《わび》証文を書かされたりもする。命を助けてもらったお礼として、医薬の技を人間に伝授したという伝承もみられる。

河童の歴史はそう古いものではない。文献上の記述では文安元年（一四四四）序の『下《か》学集《がくしゅう》』という辞書にみえる「獺《かわうそ》老いて河童《かはらふ》になる」が最古とされている。また、水辺に出没する童形の妖怪をめぐっては各地に伝承があり、前記したように種々の名称で呼ばれていた。しかし江戸時代になると、これらを実在するらしい動物と考えた本草《ほんぞう》学者（博物学者）らによって、カッパ（河童）と総称されるようになり、それが浸透して今に至ったのである。

河童のルーツについては、かつては柳田國男《やなぎたくにお》氏が、「馬を水に引き込む」という伝承から、馬を水神に捧げていた儀礼の名残りとする説を唱えた。また、『古事記』神話で、国譲りを迫るタケミカヅチノカミに力競べを挑むも敗残するタケミナカタノカミを、相撲好きの河童の原型に擬す説もある（神話学者の松前健《けん》氏）。

だが民間伝承には、「高名な大工が社寺や城を建立する際、木偶《でく》人形や藁《わら》人形を作って命を吹き込み、それを使役して建築を完成させた。工事後、その人形は邪魔になったので川に捨てられたが、それが河童になった」といった内容の起源譚もみられ、このことから、河原やその周辺を居処とした職能民と河童との関係性を指摘する説もある（小松和彦氏）。河童の「正体」も鬼同様、一つには決められそうもない。

河童というと川や池に棲息するものと思われがちだが、対馬や五島列島では海に棲むものとされた。また、「秋は山に入り、春は川に降りる」（九州南部・紀伊半島）、「猿に似ている」（山陽・四国）など、河童伝承には思いのほか多様性がある。

ナマハゲ

秋田県男鹿《おが》半島では、小正月（一月十五日）に伝統的民俗行事「ナマハゲ」が行われてきたが、この行事に登場する鬼神のこともナマハゲと呼ぶ（現在では観光行事化し、大晦日に行われている)。

この日、数人の青年が大きな鬼の面をかぶり、蓑をつけて異形に扮し、木製の刃物や御幣《ごへい》、桶などをもって、奇声を発しながら家々を訪れる。そして神棚に礼拝したり、新年の祝言《しゅうげん》を述べたりしたあと、「泣く子はいないか」「怠け者はいないか」「新しい嫁はよく働くか」などとわめき散らして子供を怖がらせる。すると、家の者はひたすらナマハゲの機嫌をとり、子供に代わって謝罪し、酒肴《しゅこう》を出して饗応するのだ。

ナマハゲの語は、炉に長くあたっていると生じる火斑《ひだこ》(ナモミ)を剥ぎ取る、つまり怠け者の皮膚にできるナモミを剥ぐ、という意味に由来するといわれる。

ナマハゲというと、現在では悪鬼・夜叉のようにとられているが、本来は他界から訪れて祝福をもたらす来訪神であり、小正月の行事ということから類推すると、新年にあたっ

ナマハゲ　鬼のような様相をしているが、怠惰や不和などの悪事を諫め、災いを祓いにやってくる来訪神である(秋田県男鹿市)

て生命力の更新・再生をもたらすというのが目的であったと考えられる。

ナマハゲに似た来訪神的な民俗行事は、名称や季節にバリエーションをみせながら日本各地に確認でき、青森県ではシカタハギ、岩手県ではナモミタクリ、ヒカタタクリ、石川県ではアマミハギ、アマメハギなどと呼ばれている。

ナマハゲの起源を、はるかユーラシア大陸から日本海をへて東北に漂着したロシア人ではないか、とするユニークな説もみられる。ついでながら、酒呑童子《しゅてんどうじ》の正体は丹後《たんご》に漂着したシュタイン・ドッチというドイツ人だったとする珍説もある。

アマビエ

今回のコロナ禍で一躍脚光を浴びることになった妖怪は、疫病《えきびょう》除けのご利益《りやく》があるとされるアマビエだろう。

アマビエの典拠は、京都大学附属

アマビエ　2020年にコロナ禍に見舞われた日本では、アマビエにあやかり、収束を願う動きが見られた（京都大学附属図書館）

図書館に収蔵されている江戸時代後期の一枚の瓦版《かわらばん》である。そこには、波間に出現した人魚のお化けのようなものを描いた例の図像に加えて、以下のような説明が添えられている。

〈肥後《ひご》国の海中から毎夜、光る物が現れたというので、その土地の役人が見に行ったところ、図のようなものが出現した。その化け物は「私は海中に住むアマビエというものである。今から六年間は諸国は豊作となるが、あわせて病気が流行するので、早々に私を描き写して人びとに見せなさい」と言って、海中に没した。

弘化《こうか》三年（一八四六）四月中旬〉

この文と絵は、描き写した役人が江戸に送ったものの写しである。

つまり、江戸後期、熊本沖の海にアマビエなる謎の海獣が出現し、豊作と疫病流行を予言し、「自分（アマビエ）の姿をみんなに知らせなさい」と告げたというのである。これが敷衍《ふえん》されて、アマビエを描いた図が疫病除け、コロナ除けのお守り代わりになったわけだが、ご覧のように、アマビエ自身はただ「私を描き写して人に見せろ」と言っているだけで、疫病流行を阻止するというようなことはとくに述べていない。

おまけに、アマビエはこの瓦版以外には確実な記録の例がなく、熊本県にはとくにアマビエという妖怪に関する伝承はない。

こうしたことから、アマビエは、予言を行う妖怪「アマビコ」の誤記ではないか、と考えられている（湯本豪一『日本幻獣図説』）。瓦版には正確には「アマビヱ」と書かれているのだが、本当はアマビコとするべきところを、書き間違えたのでは、ということである。

アマビコは、漢字では天彦、海彦、尼彦などと書かれ、江戸時代から明治にかけての資料・新聞などに登場する妖怪もしくは幻獣である。これらにおおむね共通する特徴は、足が三本、吉凶の予言を行う、その姿を写した図画が除災の護符《ごふ》となる、といったところである。海ではなく陸に出現するものもあり、サルのような姿で描かれるパターンが多い。幕末や明治時代には、アマビコの姿を印刷した御札がコレラなどの疫病除けの護符として実際に流布したことがあったらしい。

謎の多い妖怪だが、妖怪研究家の湯本豪一氏は「天の声を伝える幻獣」というのがアマビコの本質であり、山の声としてのヤマビコ（山響）に対するアマビコ（天響）なのではないかと指摘している（前掲書）。

けだし、アマビコ／アマビエは、疫病を恐れた人びとが不安をはらうために夢想した、異界からの救世者なのだろう。

コラム2

竈門炭治郎と炭焼長者

『鬼滅《きめつ》の刃《やいば》』では、主人公・竈門炭治郎《かまどたんじろう》の生家は代々、炭焼《すみやき》を生業《なりわい》としていた、という設定になっている。炭焼は木炭を作って売っていた業者で、おもに山間の住民が務める地味な仕事だが、そんな炭焼が結婚を機に長者になるという民話が、どういうわけか日本各地にみられる。一例として、大分県に伝わっている「炭焼長者」伝説のあらすじを紹介してみよう。

〈京のある姫は顔に痣《あざ》があったため、良縁に恵まれなかったが、観音《かんのん》のお告げで豊後《ぶんご》へ赴き、炭焼小五郎《こごろう》と出会って妻となる。姫は小五郎に金《きん》の小判を与えて買い物に行かせるが、小五郎は「こんなものは炭焼の山にはいくらもある」といって小判を渕に投げ棄ててしまう。

だが、姫に小判の値打ちを教えられると、小五郎は身辺に黄金《こがね》をたくさん見つけ、たちまち長者となる。そして姫が渕で顔を洗うと、痣がとれて美人となった。〉

炭焼小屋　昭和30年代まで木炭は日本人の日常生活に欠かせないものだった

大分県豊後大野市三重町の真言宗《しんごんしゅう》寺院・内山《うちやま》観音（蓮城寺《れんじょうじ》）ではこの話が縁起と結びついていて、寺を開いたのは長者となった小五郎ということになっている。

そして、これと同じような民話は、主人公の名を五郎、藤太などと変えながら、北は青森、南は沖縄まで、全国各地に伝わっているのだ。

なんとも不思議なことだが、柳田國男《やなぎたくにお》氏は、炭焼を副業として各地をめぐり歩いていた「金売り」（砂金などを売買する人）が流布させていたのではないか、と推測している（「炭焼長者」）。なぜ金売りが炭焼を行ったのかというと、金売りは諸処に仮住して鋳物《いもの》の業を営んだが、金属の製錬には

般若姫像　巨大な像は炭焼小五郎の娘・般若姫。手前には小五郎と妻・玉津姫の像が立つ（大分県豊後大野市）

木炭が欠かせなかったからである。つまり、諸国を遍歴した炭焼兼鍛冶師の民間伝承ではないか、ということである。

炭焼長者伝説にみえる「姫」は、ちょっと禰豆子《ねずこ》を連想させるところがあるが、顔に痣があったという点では炭治郎と符合する。また、凶悪な鬼を討伐して「英雄」となり、至上の栄誉を手にした点では、炭治郎もまた長者のうちに含められよう。

そう考えてみると、『鬼滅の刃』において、主人公が炭焼というマジカルな職能に就いていたという設定は、なかなか含蓄のある演出である。

第三章

呪術者・異能者たちの群像

——怪異と対峙した「鬼殺隊」の原像

かつての日本人は、鬼や怪異がはびこる闇の世界と隣り合わせで生き、闇の存在におびえながら生きていた。

だが、そうした「闇」の存在と対峙し、「光」の世界を守る役割を担ったのが、陰陽師《おんみょうじ》をはじめとする宗教者や芸能者、漂泊者などの、異能の人びとであった。

異界と交感する術をもった彼らは、異形の者を制し、操る呪的な技術を身につけた、「鬼殺隊《きさつたい》」のさきがけともいえる人たちであったが、彼らの多くは、権力側に忌まれたり社会から排除されたりした負の過去をもつ者たちでもあった。そしてじつは、鬼や妖怪の歴史は、異界と現界の境界を往還する彼ら異能者たちの信仰や伝承と非常に密接なかかわりをもっていて、ある意味では、彼らこそがあやかしの世界の伝道者であったのだ。

そんな異能者たちをいくつか紹介していきたい。

陰陽師　おんみょうじ

平安時代、鬼との対決の最前線に立った代表的宗教者は、安倍晴明《あべのせいめい》を筆頭とする陰陽師である。

陰陽師　算木で占いを行う陰陽師の姿が描かれている（『玉ものまへ』、京都大学附属図書館）

第一章でも記したが、陰陽師とは元来、陰陽《おんみょう》寮《りょう》という朝廷の役所に所属した暦占術師であり、のちにはそこから敷衍《ふえん》されて、朝廷に属す属さないにかかわらず、陰陽道系の占術・呪術を行う宗教的職能者のことを広く陰陽師と呼ぶようになった。

陰陽師には、朝廷や貴族を対象に活動した宮廷系陰陽師と、その亜流ともいえる民間系陰陽師の二つの流れがあるが、まず宮廷系陰陽師に着目し、彼らが具体的にどんな呪術を行ったのかをみてみたい。

鬼退治に相当するような陰陽師の呪術には鬼気祭、四角四堺祭などがあるが、これについては第一章で触れたので（61ページ参照）、ここでは、陰陽師の基本的な呪法のひとつということで、

「反閇《へんばい》」を取り上げてみよう。

反閇は一言でいえば邪気を祓う特殊な呪的歩行法で、神拝や祭文の諷誦《ふじゅ》、印を切る、禹《う》歩《ほ》などを繰り返しながら、少しずつ前に進んでゆくものだ。禹歩は左右の足をそれぞれ引きずるようにして踏み出してゆく独特のステップのことで、古代中国の禹王《うおう》が治水のために天下を渡り歩いたために足をいため、足が不自由になったという伝説にちなんでいる。のちに反閇と禹歩は同じ意味にとられるようになったが、正確には、反閇の中の一作法に禹歩があるというかたちである。

反閇は大地を踏み鎮め、地の邪気や魔を祓う効果があると信じられ、平安時代には、天皇や貴族の外出にあたって、陰陽師がさかんにこれを行った。相撲の力士が踏む四股《しこ》、ナマハゲの足踏みも広い意味では反閇と同類にあたろう。

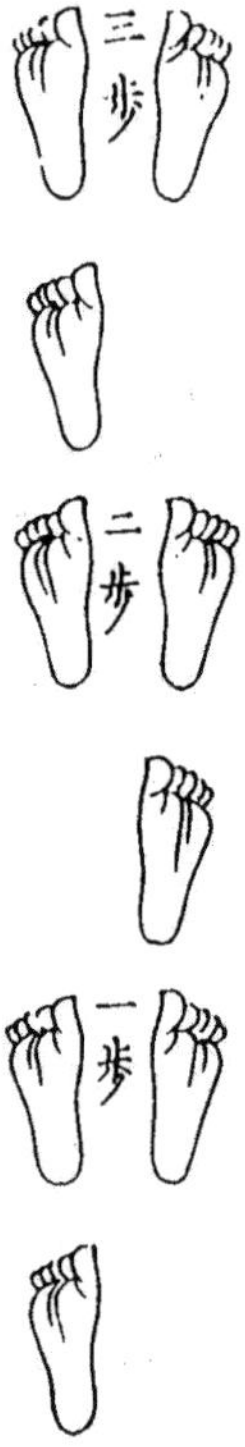

禹歩法（三歩九跡法）　九字を唱えながら九跡を踏んで行われる（『禹歩僊訣』）

平安時代中期の公卿・藤原実資《さねすけ》の日記『小右記《しょうゆうき》』によれば、晴明は寛弘《かんこう》二年（一〇〇五）三月、八十五歳のとき、一条天皇の中宮・彰子《しょうし》の大原野《おおはらの》神社行啓に際して反閇を行っているが、記録上ではこれが彼の陰陽師としての最後の仕事で、同年十二月に没している。

陰陽道の代表的な呪術としては、泰山府君祭《たいざんふくんさい》というものがある。

泰山府君は中国の民衆宗教である道教《どうきょう》に由来する神で、人間の生死を司る冥府の神である。泰山府君祭はこの神を勧請《かんじょう》して病気平癒や延命長寿を祈る呪的祭祀で、日本の史料上での初例は、前出の『小右記』に記された永延《えいえん》三年（九八九）二月の、急病になった一条天皇の母・藤原詮子《せんし》（円融《えんゆう》法皇の女御《にょご》）に対して行われたものであった。

そして、これを執り行ったのが、やはり晴明であった。一説によると泰山府君祭は晴明の創案にかかるもので、道教系の祭祀を基盤とし、地獄の諸官たちを供養して除災・延命を祈る「焔魔天供《えんまてんぐ》」という密教儀礼を習合させたものだという（斎藤英喜『陰陽師たちの日本史』）。

陰陽師たちはこれらの呪術を行う際、「式神《しきがみ》」と呼ばれる神霊を使役したとも伝えられている。式神は言い換えれば、陰陽師の「霊的下僕」であり、しばしば小鬼のような姿でイメージされる。

中世になると宮廷系陰陽師は貴族社会だけでなく幕府のためにも働くようになったが、その一方で在野の民間系陰陽師も活動を活発化させ、地方にも活躍の場を広げてゆく。彼らは「陰陽法師《ほっし》」「唱門師《しょうもんじ》(しょもじ)」「太夫《たゆう》」「博士《はかせ》」など様々な名称でも呼ばれ、庶民に向けて、陰陽道系の呪術だけでなく、種々の祈禱や占い、暦売りなども行いながら、晴明や鬼をめぐる伝説を流布させていったのである。

ちなみに、俗に「セーマン」と呼ばれる五芒星《ごぼうせい》のかたちをした魔除けの印は、安倍晴明がつくったものといわれ、京都・晴明神社の神紋となっている。陰陽五行《いんようごぎょう》の相克《そうこく》を象徴し、セーマンは晴明をさす、などといわれている。また、高知県の山間にある香美市《かみし》物部町《ものべちょう》は、「いざなぎ流」と呼ばれる民間陰陽道系の祈禱と信仰が守り伝えられてきたことで知られている。晴明伝説に晴明のライバルとしてしばしば登場する蘆屋道満《あしやどうまん》のモデルは、兵庫県の芦屋周辺を拠点とした民間陰陽師の集団と考えられている。

修験者　しゅげんじゃ

修験道《しゅげんどう》は日本古来の山岳信仰に大陸から伝来した道教や仏教などが習合して形成された

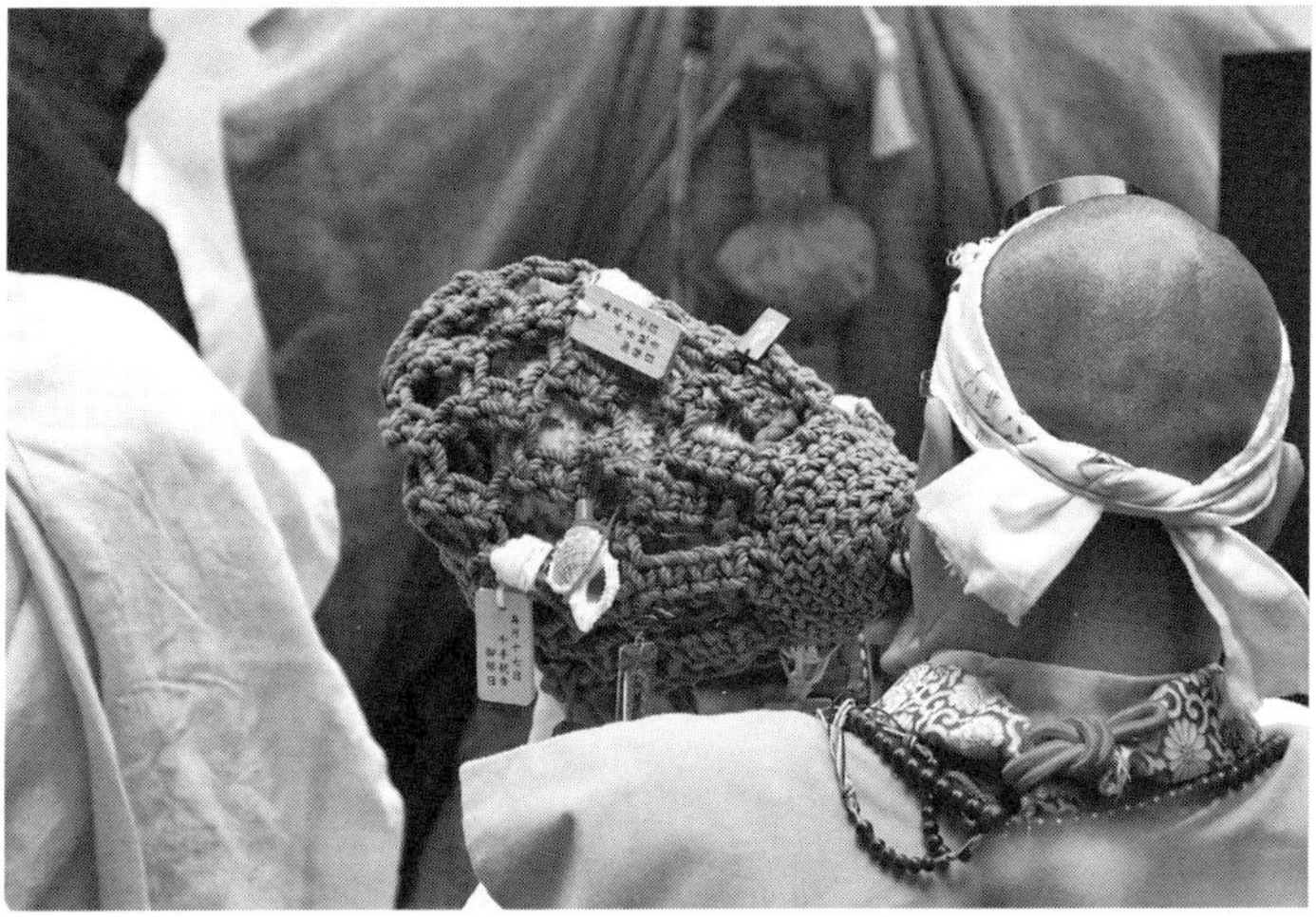

修験者　厳しい修行をすることから、常人にはない力を持つと信じられた（京都・狸谷山不動院）

宗教で、熊野や大峰《おおみね》、吉野山《よしのやま》、出羽三山《でわさんざん》など日本各地の霊山を拠点として広まった。修験道の修行者が修験者、山伏《やまぶし》などといわれる半僧半俗の人たちで、七世紀から八世紀にかけて活躍した、鬼神《きじん》を使役したと伝えられる役小角《えんのおづぬ》を開祖に仰ぐ。頭に兜巾《ときん》をいただき、鈴懸《すずかけ》と結袈裟《ゆいげさ》をつけ、笈《おい》を背負い、金剛杖《こんごうづえ》をつき、法螺《ほら》を鳴らすというのが典型的な姿である。余談ながら、笈を背負って廻国修行をする姿は、『鬼滅《きめつ》の刃《やいば》』で妹の禰豆子《ねずこ》が入った大きな箱を背負って移動する竈門《かまど》炭治郎《たんじろう》の姿とちょっと重なるものがある。

修験道の特色は、たんに山を拝むのではなく、そこに登ることを重んじた点にある。修験者は峻厳な山々を登拝《とはい》し、あるいは岩屋に籠って行を積むことで、その山の神霊と一体化し、霊力を身につけることを目ざしたのである。異称の「山伏」は、「山に臥す」、つまり彼らが山に寝起きし、山野に露宿する者たちであることが含意されているのだろう。

そして山岳修行を積んで超常的な力を獲得した修験者・山伏は、山を下りると里をめぐって神仏の信仰を説き、また人びとの求めに応じて病気を治し、憑《つ》き物落としなどの加持《かじ》祈禱《きとう》を行った。

修験道の霊場は現在では神社になっているところが多いが、これらには明治の神仏分離政策の影響で強引に神道化されたケースが多い。修験道の霊場は本来、神仏習合であり、明治以前には、仏教化した神である権現《ごんげん》を祀る聖地であった。したがって、修験者もまた神仏混淆の宗教者であったのである。

修験者が行った呪術でよく知られているのは、九字法《くじほう》であろう。概略すると、「臨《りん》・兵《びょう》・闘《とう》・者《しゃ》・皆《かい》・陣《じん》（陳）・烈《れつ》（裂）・在《ざい》・前《ぜん》」の九字呪を一文字ずつ唱えながら所定の九つの印契《いんげい》（仏・菩薩《ぼさつ》を指の形で象徴的に表したもの）を順次結んでゆく。終わったら刀印《とういん》をつくって虚空に縦四本、横五本の線を引き、弾指《だんし》をし、呪文をとな

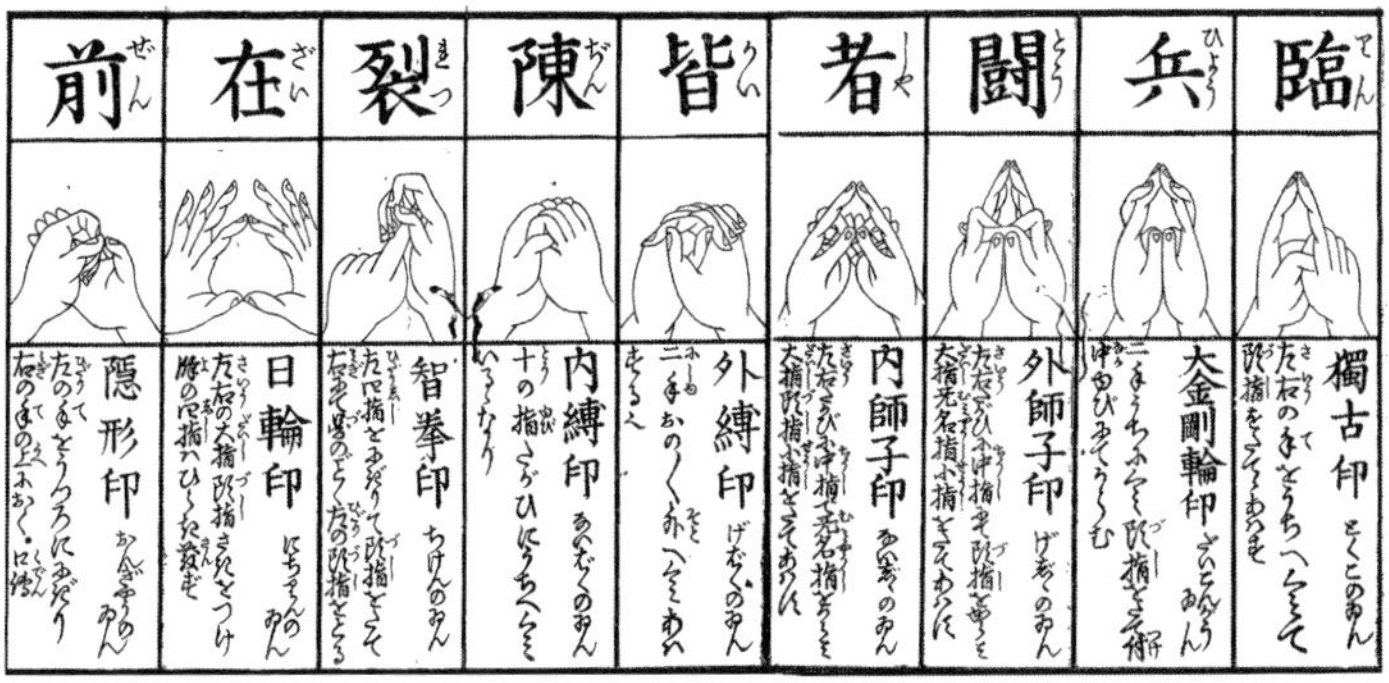

九字の印契の例　九字法は道教の九字の作法が修験道等に混入した日本独自の作法である。『九字護身法』（1881年）より

える。いわゆる「九字を切る」という作法である（所作や呪文の細部は伝書によって違いもみられる）。ルーツは中国の道教にあるといわれ、これによって魔を調伏《ちょうぶく》し、災いを除き、身を護ることができるという。九字法は陰陽道や密教《みっきょう》などでも行われた。

修験が広く行った呪術には、寄加持《よりかじ》（寄祈禱《よりぎとう》）もある。おもに病気治しの呪術で、病人に憑いている邪霊を巫女《みこ》や小童に寄りつかせ、彼らを介してその邪霊を諭し、退散させるというものである。この際に霊媒となる巫女や小童のことをヨリマシともいい、憑坐、寄坐、尸童などと書かれる。

寄加持をより高度にした、阿尾奢法《あびしゃほう》という呪法もある。元来は密教の修法であり、アビシャはサンスクリット語のアーベーシャの音写で、神霊を霊媒に憑依させて縛することを意味し、「遍入」とも訳される。これも概略だけ示すと、精進潔斎《しょうじんけっさい》した童男あるいは童女を行者が印契を結んだり呪文をとなえたりしながら加持すると、病人を悩ませていた霊鬼が童子のからだに入って縛せられる。そこで行者は病人のからだを加持して病魔が入らないように守護してから、童子に憑いた霊を尋問してゆく。阿尾奢法には霊媒を用いないやり方もある。修験者が行った阿尾奢法には日本古来の神降ろしの要素も混入しているのだろう。

修験の呪術の多くは仏教とくに密教の影響を受けたものだが、これらを、寺院の堂内ではなく、野外で行うというのが修験者の本領であった。それだけに、山伏は山・里の村人には身近な存在で、昔話にもよく登場する。

密教僧　みっきょうそう

密教とは大乗仏教における「秘密仏教」のことで、古代インドの呪法儀礼を仏教が取り込んで形成され、七世紀ごろから体系化されて、『大日経《だいにちきょう》』『金剛頂経《こんごうちょうきょう》』などの密教経典が成立した。密教の行者、つまり密教僧は手に印契を結び、口に真言《しんごん》をとなえて、心を深い禅定状態に誘導する。曼荼羅《まんだら》をつくり、火や水を用いた神秘的な儀式（護摩《ごま》や灌頂《かんじょう》など）を行うのも特徴だ。

密教はインドから中国に伝わり、九世紀はじめ、中国に渡った空海《くうかい》によって日本にも伝えられた。日本ではとくに真言宗と天台宗が密教を実践し、真言宗で行われた密教は東密《とうみつ》、天台宗で行われた密教は台密《たいみつ》と呼ばれている。

密教の呪術は非常に多様だが、経典を典拠としてよく体系化されており、陰陽道や修験道よりも信頼性が高かった。そのため、平安時代には、経験を積んだ密教僧は験《げん》力《りき》のある高僧（阿闍《あじゃ》梨《り》）として大いにもてはやされ、怨霊《おんりょう》やモノノケの影におびえた天皇や貴族たちには引っ張り凧《だこ》の

空海　呪術には敵や悪霊を追放するものもあり、空海はこれをもって国家守護の修法とすることを強調した（「真言八祖像のうち空海」、鎌倉時代、国立文化財機構所蔵品統合検索システム）

存在であった。また、個人ではなく国家そのものを密教呪法によって鎮護するというのも、当時の密教僧に課せられた重要な仕事であった。密教僧は国家の霊的防衛システムの一翼だったのである。

密教僧の行う呪術（修法《しゅほう》）の基本は、身《しん》（身体）・口《く》（言語）・意《い》（思慮）の三業《さんごう》を調和させることによって仏尊との一体化をはかり、融通無碍《ゆうずうむげ》の境地をめざすというものである。それは種々の仏・菩薩《ぼさつ》を本尊として行われるが、目的に応じて大きくはつぎの四種に分類できる。

◉息災法《そくさいほう》

災害、苦難、煩悩・罪業など、種々の罪障を除去するための修法。厳密に行う場合は、衣の色や供物はすべて白色とし、白色の円形の修法壇を用い、北方に向かって修する。

◉増益法《ぞうやくほう》

福徳・繁栄を祈り、積極的に幸福を増進させる修法。黄色を主色とし、東方を向いて修する。長寿・延命を願う法なども含まれる。

◉敬愛法《きょうあいほう》

和合・親睦を祈るための修法。赤を主色とし、西方に向かう。愛染明王法《あいぜんみょうおうほう》、千手観音《せんじゅかんのん》法など。

◉降伏法《ごうぶくほう》

仏敵や怨敵・魔障などを除去する修法。黒を主色として、南方に向かう。

これらのうち、鬼神やモノノケへの対処に用いられるのは、おもに降伏法ということになる。

ただし、すべての修法がこの四種にきれいに分類できるわけでもなく、分類をまたぐ性格のものもある。「修験者」の項で紹介した阿尾奢法は、密教においては、魔障を除くという点では降伏法になろうが、病気を治すという点では息災法だともいえる。

平安時代にしばしば修された五壇《ごだん》法などは、その目的が息災・増益・降伏の三法にわたる大掛かりな修法であった。

道場に五つの壇を設け、五大明王（不動明王・降三世《ごうざんぜ》明王・軍荼利《ぐんだり》明王・大威徳明王・金剛夜叉明王）を勧請して各壇にまつり、それぞれを本尊とする護摩法を一斉に修するのだ。各壇を延暦寺《えんりゃくじ》、東寺《とうじ》などの高名な阿闍梨がひとりずつ担当して法を修し、それぞれの阿

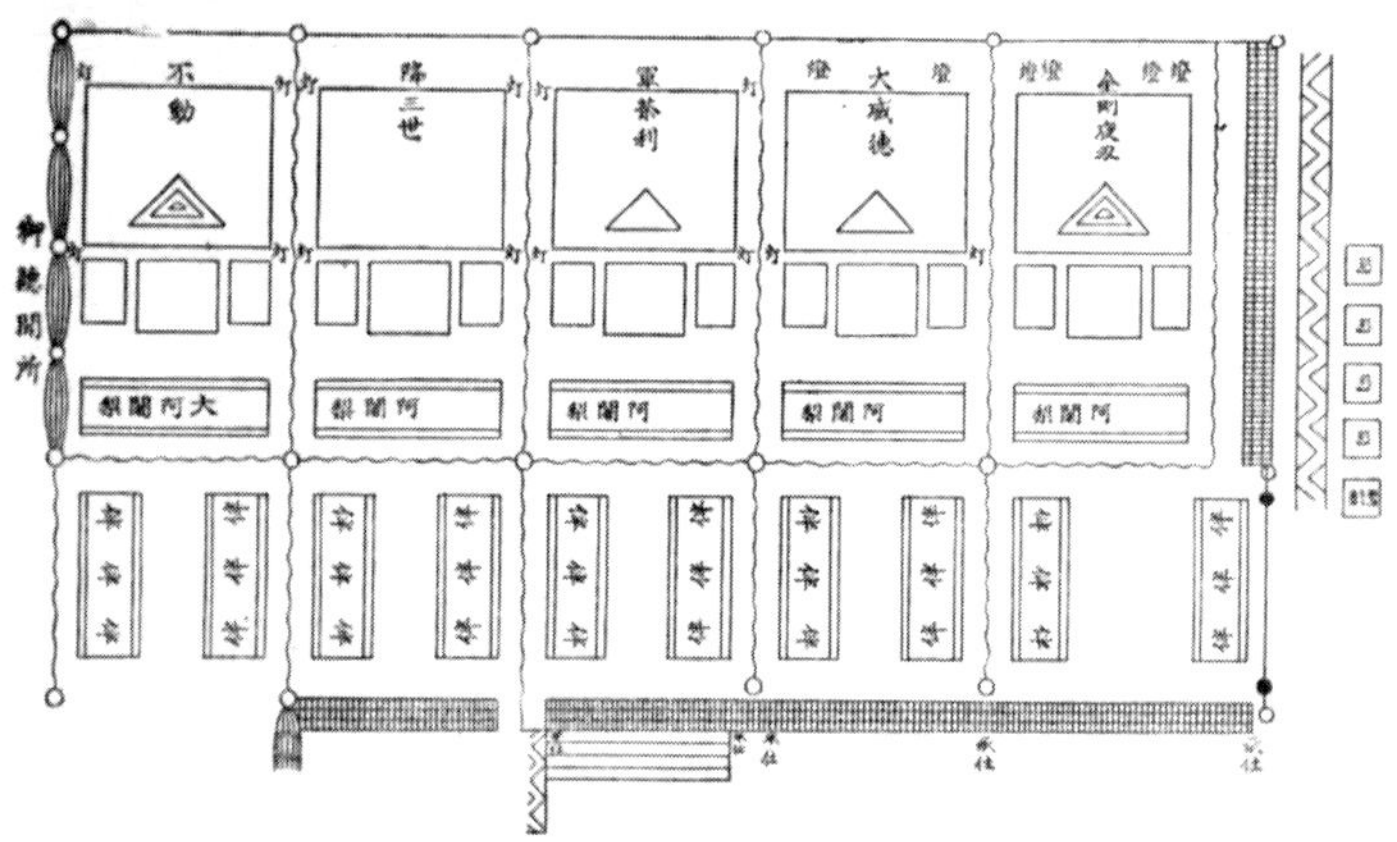

五壇法の壇図　『大日本仏教全書　第39巻』所収『阿婆縛抄』より

闍梨には伴僧が六〜七人、多いときには二十人もついたという。これはインド伝来の修法ではなく、より強力な呪力が求められた結果、日本で編み出されたものであった。

　五壇法にとりわけ熱心だったのが藤原道長《みちなが》で、一条天皇のもとに嫁いだ娘・彰子《しょうし》の出産の際には、安産祈願のために自邸に壇をつくり、阿闍梨を招いてこれを修させている。また後年、道長自身が怨霊の祟りが原因と思われる病にかかると、除病のために五壇法を修させている。天皇や国家の大事の際にも修され、十一世紀なかばからは宮中でしばしば行われて「五壇の御修《みず》法《ほう》」と呼ばれ、この法に出仕することは密教僧の栄誉とされたのだった。

イタコ

岩手県北部や青森県にみられる巫女のことで、多くは盲目の女性であり、死霊の口寄せ(仏おろし)をすることで知られるが、占いや祈禱も行う。

神霊や死霊と交信する能力をもつ呪術者、いわゆるシャーマンは、その者がシャーマンになる過程から、①召命《しょうめい》型(神霊に召し出される形で、自分の意思に関わりなくシャーマン化するタイプ)、②修行型(本人の意思や親族の勧めにより、自発的に学習してシャーマンになる)、③世襲型、の三つに類別されるが、イタコは②の修行型にあたる。事実、イタコになるには、師匠について数年間一定の修行を積み、「神憑《かみつ》け」と呼ばれるイニシエーションを経なければならない。

神憑けは精進潔斎を重ねたうえで、祭文や経文の暗誦などの行を繰り返し、最後は失神状態にいたるという秘儀で、失神は神が憑いたしるしとされた。仏おろしはイタコが最も重視する巫術《ふじゅつ》だが、仏おろしの技術そのものが修行課程で直接師から教えられることはなく、神憑けを経ればおのずとできるようになるとされてきた。

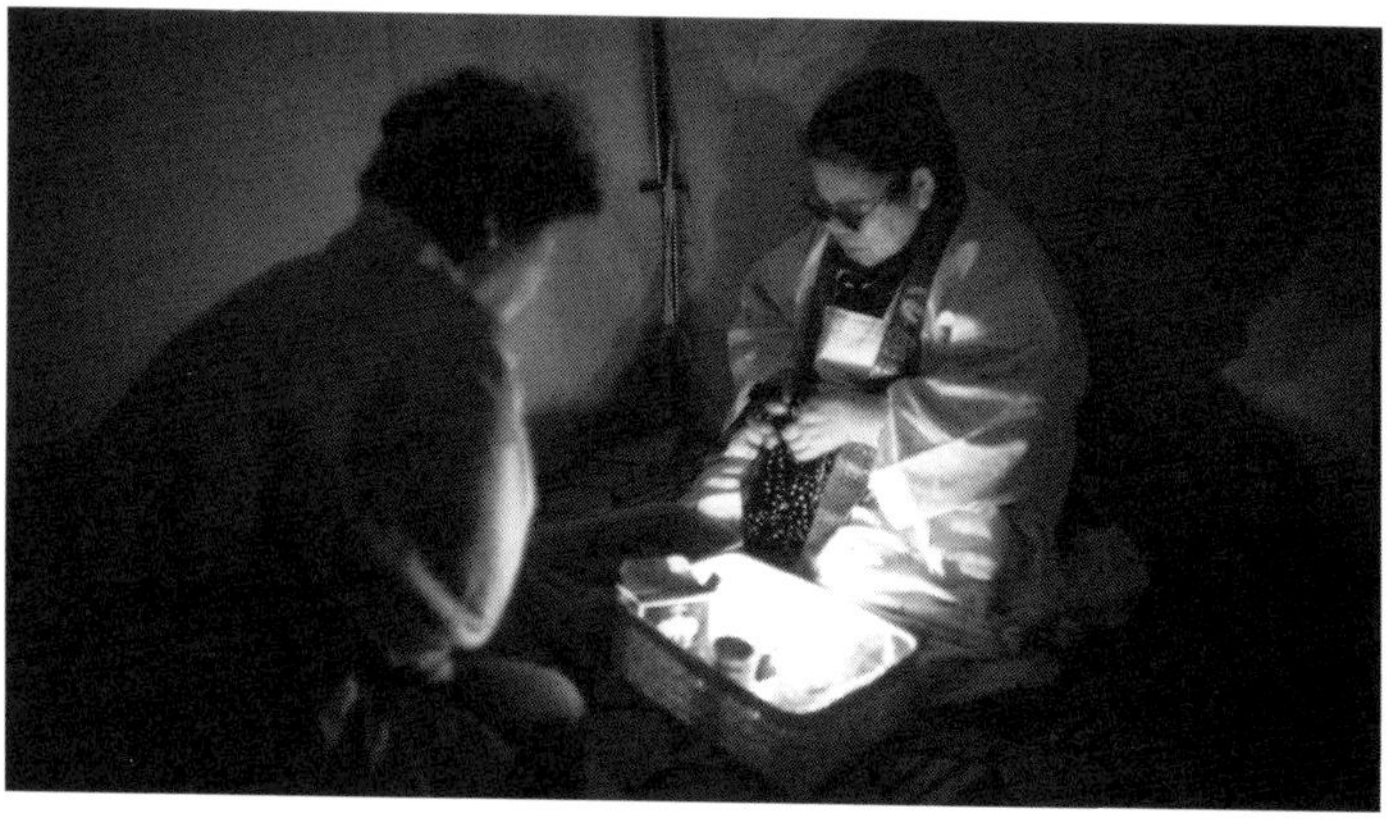

イタコ　夜の恐山で口寄せをするイタコ。死者との語らいは、生者に一種のカタルシスをもたらす（撮影・加藤敬）

イタコといえば下北半島の恐山《おそれざん》が有名だが、そこに常駐しているわけではなく、夏や秋の祭典のときだけやってくるのであり、ふだんは自宅で巫術を営んでいる。もっとも、高齢化や後継者不足でイタコの数は激減しており、二〇〇一年夏の恐山の大祭に参加していたイタコは十五名ほどだったが（加藤敬『イタコとオシラサマ』）、近年では数名程度までに減っているという。

一方、東北（とくに津軽）にはゴミソ、カミサマ、オカミサンなどと呼ばれる晴眼の女性シャーマンもいて、現在も庶民の信仰を集めているが、彼女たちは基本的に①召命型に属し、原則として死霊の口寄せは行わず、祈禱や占いを主とする。

ちなみに、恐山にイタコが集まって口寄せをするようになったのは、早くても明治時代後期といわれており、その歴史は意外に浅い。しかし、イタコ自体は民間の巫女として青森一帯で古くから活動していた。そもそも、かつては口寄せを行う民間の巫女は日本各地にいて、彼女たちはイチコとかアズサミコ（梓巫女）などと呼ばれた。ワカ（福島）、オナカマ（山形）など、土地ごとの呼称もみられる。

イタコやゴミソなどの東北のシャーマンと切っても切れない関係にあるのが、オシラサマと呼ばれる呪具である。オシラサマにはさまざまなタイプがみられるが、スタンダードなのは、直径二～三センチ、長さ三十センチほどの木の棒で、頭部に人間や馬の頭などが描かれ、二本で一セットとなる。一種の神像、ご神体であり、養蚕の神とする伝承もあるが、イタコたちはときにこの棒を手に取って宙に舞わせ、供養を行ったり託宣を行ったりする。これは「オシラ遊ばせ」と呼ばれていて、一種の呪術である。

漂泊民　ひょうはくみん

かつての日本列島には、一所に定住せずに漂泊・遍歴をつづけながら生活を送る人たちの姿がしばしば見られた。そうした漂泊民は呪い・占い、芸能、狩猟・漁労、手工（箕作《みつくり》りや竹細工など）などを職能とし、山野・河海を跋渉《ばっしょう》して移動しながらも、その職能を通じて定住民とも交流し、社会に活力を与える役割も担った。

定住民にとっては異人であった彼らは、ときにいわれなき差別の対象ともなったが、半面では、外界から珍奇な情報や知識をもたらしてくれる客人《まろうど》でもあった。民俗学者・国文学者の折口信夫《おりくちしのぶ》は、遊芸者や遊行者《ゆぎょうしゃ》の原像を異界から訪れて人びとに祝福を与えた客人《まろうど》神《がみ》ととらえ、それを「まれびと」と呼んだが、漂泊民は「まれびと」という異能者的側面も有し、賤と聖が一体となった存在でもあったのだ。

本章ですでに取り上げた民間陰陽師（唱聞師）や修験者もこのような漂泊民のうちに含まれるが、以下では、それ以外の例をいくつか挙げてみよう。

◉鉢叩《はちたた》き

中世から近世にかけてみられた門付け芸で、念仏踊りの一種であり、またこれを行って勧進する半僧半俗の芸能者のこともさした。鹿杖《かせづえ》をつき、瓢箪《ひょうたん》をたたき、鉦《かね》を鳴らしながら、念仏や和讃を唱えて踊り、勧進や死者追善を行った。また、茶筅《ちゃせん》をつくって売り歩い

鉢叩き　冬の季語にもなっており、松尾芭蕉は「長嘯の墓もめぐるか鉢叩」と詠んでいる（竹原春朝斎『都名所図会』、国立国会図書館）

た。浄土教を民間に布教した平安時代中期の空也《くうや》の念仏踊りに由来すると伝えられ、京都を中心に起こった。空也を念仏信仰の先達と仰いだ時宗《じしゅう》との関係も深い。現在も京都の空也堂（光勝寺《こうしょうじ》／京都市中京区亀屋町）では、空也忌（十一月十三日）の法要で歓喜踊躍《かんぎゆやく》念仏が奉修されている。

◉傀儡子《くぐつし》・傀儡師《くぐつし》

肩から箱をつるして簡単な人形《にんぎょう》芝居をみせた芸能者のこと。クグツの原義には諸説があるが、一説に、水辺に生える雑草のクグを縄にして編んだ籠をクグツといい、この籠に人形が納められたことからその人形がクグツと呼ばれ、それを操る漂泊芸能者（人形まわし）のこともクグツあるいはクグツシと呼ばれるようになったのだという（鈴鹿千代乃『神道民俗芸能の源流』）。朝鮮語で操り人形のことをさす「コクトゥッ」が語源だとする説もある。奈良時代からいたとみられるが、平安時代後期の学者・大江匡房《おおえのまさふさ》が著した『傀儡子記《かいらいしき》』には、傀儡子《くぐつし》は定住せず、男は木偶《でく》を舞わすだけでなく種々の芸を演じ、女は売春もしたと記されている。中世には、兵庫の西宮《にしのみや》神社を本拠とする傀儡子が盛んに活動するようになり、近世になると、西宮神社が夷《えびす》神を祭神とすることから、夷かき、夷まわしとも呼ばれる祝福芸の徒になった。人形は祓《はらえ》の際に依《よ》り代《しろ》として用いられた人形《ひとがた》にルーツがあり、一種の呪具でもあった。したがって、それを操る傀儡子は、

西宮傀儡子　首から下げた箱の中から猫のような小動物の人形を出すことから、江戸では「山猫」とも呼ばれた（竹原春朝斎『摂津名所図会』、国立国会図書館）

本来は宗教的呪術者であったのだろう。

◉木地師《きじし》・木地屋《きじや》

全国各地の山間に住み、轆轤《ろくろ》などを用いて、木材から盆・椀・杯・杓子《しやくし》などをつくった職人。基本的に非定住民で、用材を伐り尽くすと、他の山に移って生業《なりわい》をつづけた。彼らがいた土地は、木地谷・木地畑・ロクロ場などといった地名となって各地に残っている。近江の鈴鹿山脈の山中にある小椋谷《おぐらだに》が「根元地」とされたが、これはこの地に古くからいた木地師集団が中世末期から近世にかけて木地師の統制をはかったからである。彼らは文《もん》徳《とく》天皇の皇子・惟喬《これたか》親王を職祖と仰ぎ、縁起書を作成してその伝説を流布させた。

◉サンカ

農耕を営まず、一所不住で、山中を生活の場として漂泊をつづけた人びとのことで、箕作りや竹細工、川魚漁などを生業とした。山窩、山家などとも書かれた。また、ポン、オゲ、ノアイ、セブリ、ミヅクリなど、地域によって種々の名称がある。もっとも、サンカという呼称は明治時代以降に広まったもので、今挙げたような山間の漂泊民の総称としてメディアや研究者が用いだしたものであって、その歴史や実態については不明な点が多い。そのルーツをめぐっては、傀儡子とする説（柳田國男《やなぎたくにお》氏）、江戸時代後期から明治初期にかけての大変動期に山へ逃げた貧窮民とする説（沖浦和光《かずてる》氏）などが唱えられている。サンカという言葉の語源については、古代・中世に主要な寺社の参詣道の坂道に集住した「坂ノ者」とする説もある（筒井功氏）。サンカの姿は昭和戦後まもない頃までは山間で見かけることもできたが、一九五〇年代の後半ぐらいから定住化し、急激に姿を消していった。

ここに挙げたのは、日本史に現れる漂泊民のごく一部である。種々の職能に従事しながら遍歴の生活を送った彼らは、ときに定住民の側から差別や迫害を受けることもあった。鬼や天狗に見立てられたこともあっただろう。しかし彼らは、権力や体制の支配・締め付けを拒み、自然とともに生きる道を歩んだ、真の自由人でもあった。

鬼退治の行事・祭り

最後に番外編として、「鬼退治」の原点について若干触れておこう。

◉追儺《ついな》

鬼退治の行事といえば、だれもが節分（立春の前日）を思い浮かべるだろう。この日の夜には「福は内、鬼は外」ととなえながら炒った豆をまく風習が日本にはある。しかし、この行事はもとは大晦日に行われたもので、宮中の年中行事「追儺」にルーツがある。

追儺は大儺《たいな》、あるいは鬼やらいとも呼ばれ、平安時代の宮中ではおよそ次のようなかたちで行われた。

大晦日の夜、天皇は内裏《だいり》の紫宸殿《ししんでん》に出御《しゅつぎょ》し、群臣たちは内裏の中庭に参集。さらに大《おお》舎人《とねり》のうち身長の高い者が「方相氏《ほうそうし》」に扮し、黄金の四つ目の仮面をかぶり、黒衣朱裳《しゅしょう》をまとい、戈《ほこ》と盾《たて》をもち、童子《どうじ》たちを率い参入する。その後、陰陽師が参入して祭りを行い、呪文を読み終えると、方相氏は大声を発し、戈で盾を三度打つ。群臣はこれに呼応して桃弓・葦または桃の杖で無形の鬼を追う。

これは陰陽のバランスが崩れる年の変わり目に出現する疫鬼《えきき》を駆逐する陰陽道の祭祀で、その先頭に立つ方相氏はあくまで鬼を追う存在であった。ところが、平安末期には異形の方相氏が鬼と誤解されるようになり、群臣が後ろから追い出すのだと考えられるようになった。

追儺は元来は中国の行事で、先秦《しん》時代の紀元前三世紀ごろにはすでに行われていた。悪気邪鬼を追い出そうとするもので、当初は大晦日に限らず時節の変わり目に行われた。「方相氏」という語は周《しゅう》代の官名に由来するらしい。

大宮八幡宮の鬼追式　神仏習合の形での追儺。寺社によっては鬼のほかに毘沙門天などが登場する（兵庫県三木市）

いつ日本に伝わったかは定かではないが、文献上の初見は『続日本紀』慶雲三年（七〇六）条で、この年、疫病が大流行して多くの人が亡くなったので、追儺を施行《しぎょう》したという。

追儺は宮中ばかりではなく貴族のあいだでも行われるようになり、しだいに各地の神社や民間へも広まった。宮廷行事としては中世にはすたれたが、追儺と、季節の変わり目としての節分と、豆まきとが結びつくようになったのは、室町時代ごろかららしい。日本の追儺は、六月と十二月の晦日に行われた、罪や穢《けが》れを祓う神事としての大祓《おおはらえ》の影響も多分に受けているとみられる。

◉修正会《しゅしょうえ》・修二会《しゅにえ》

節分の鬼退治は、宮中・神社系の追儺のほかに、仏教寺院の儀礼である修正会・修二会からも大きな影響を受けているといわれている。

修正会は寺院で修する正月の法会《ほうえ》のことで、天下泰平、五穀豊穣などを祈願する。年初の一週間にわたって行うのが通例だが、三日間や五日間とする寺院もあり、また日取りも必ずしも元日からはじまるわけではない。日本では飛鳥時代にはすでに行われていて、奈良時代なかばには官大寺や諸国の国分寺では正月の恒例行事となっていた。修二会は二月に修される法会だが、二月はインドの正月にあたるなどといわれ、実質的には修正会と同じような要素・目的をもっている。東大寺の修二会が有名だ。

法会の内容は寺ごとに特色がみられるが、なかには「追儺」の要素を取り入れたものもあり、そこには鬼が登場する。

たとえば奈良県五條市の念仏寺の修正会では、タダオシとか「鬼走り」と呼ばれる行事が伝承されている。まず、阿弥陀如来《あみだにょらい》の面をつけたカッテ役（先導役）が松明《たいまつ》をかざしてダダ堂（阿弥陀堂）に現れ、松明で宙に「水」の字を大きく描く。つづいて恐ろしい面相をした赤鬼（父鬼）、青鬼（母鬼）、茶鬼（子鬼）が現れ、それぞれ松明を振りかざしながら堂内をめぐり、やがて退堂する。

一見、鬼退治が演じられているようにも映るかもしれないが、鬼たちが振りかざす松明は信者たちの災厄を払ってくれるとされており、鬼の装束に巻き付けられているコヨリは厄除けになるといわれ、見物人たちは退堂する鬼を取り囲み、競ってこれを奪い合う。

これと似たような、鬼が乱舞したり走り回ったりする、「鬼走り」「鬼踊り」などと呼ばれる行事を盛り込んだ修正会・修二会は、各地の古寺名刹にみられる。そして、ここに登場する鬼は、追われるべき悪者ではなく、悪霊を祓い、福と恩寵をもたらしてくれる善霊となっている。「招かれざる鬼」ではなく、「招かれる鬼」である。

仏教寺院の修正会・修二会で鬼走りや鬼踊りが演じられるようになったのは平安末期ごろからといわれる。仏教儀礼に邪鬼払いとしての追儺が取り込まれ、さらに異界からやってくる鬼を祖霊や「まれびと」ととらえて神聖視する民俗的な信仰や、火祭り行事などが習合して、このような鬼祭りが形成されたのだろう。

東大寺修二会　二月堂で1270年以上続けられる伝統行事はコロナ禍の令和3年も疫病退散を祈って行われた（奈良市雑司町）

ただし、寺院によっては、最後は鬼が退散させられるかたちになっているところもある。「鬼走り」も、見ようによっては、法力にさらされて鬼が逃げる様ととれなくもない。このことからすれば、「鬼は外、福は内」と言われ、豆をあてられて走り逃げる節分の鬼は、じつは、福を運ぶために家を訪ねにきてくれていたのかもしれない。鬼は、恐怖と恩寵の両義性を有しているのである。

そして、こうした祭事を介して、鬼は日本人にとってきわめて近しい存在となっていったのである。

コラム3

「全集中の呼吸」と剣術

『鬼滅の刃《きめつのやいば》』のキーワードの一つに「全集中の呼吸」がある。竈門炭治郎《かまどたんじろう》が過酷な修業の末に体得した、呼吸法をベースとした鬼殺剣術の奥義のことである。それは「体中の血の巡りと心臓の鼓動を速く」する秘術であり、これを行えば「人間のまま鬼のように強くなれる」のだという（第五話）。

もちろんフィクションの世界の話だが、現実の剣術の世界でも、名立たる剣客たちは呼吸すなわち息遣いと剣の間合いのバランスに腐心してきた。そして呼吸と意識の集中との関係に着目し、精神の鍛錬にも貪欲に取り組んできた。とりわけ禅に興味を示した者が多い。

新陰流《しんかげりゅう》剣術の達人で第三代将軍・徳川家光《いえみつ》の兵法師範を務めた柳生但馬守宗矩《やぎゅうたじまのかみむねのり》（一五七一～一六四六年）は剣禅一如《いちにょ》の教えを説く禅僧・沢庵《たくあん》と深い親交を結び、江戸八丁堀に道場を開いた針ヶ谷夕雲《はりがやせきうん》（?～一六六三年）は駒込・龍光寺に参禅して大悟し、無住心剣

一刀石　柳生石舟斎（宗厳）が修行中に天狗と試合を行い、一刀のもとに天狗を切り捨てたところ、2つに割れた巨石が残ったという逸話がある（奈良市柳生町）

術を創始した。天真伝《てんしんでん》兵法の祖となった白井亨《とおる》（一七八三～一八四三年）は、臨済《りんざい》禅の中興・白隠《はくいん》禅師の内観法《ないかんほう》を修行して剣術を大成させている。

特筆すべきは山岡鉄舟《てっしゅう》（一八三六～八八年）である。鉄舟は卓抜な政治家として知られ、当初は幕府に仕え、勝海舟《かつかいしゅう》の使者として駿府《すんぷ》で西郷隆盛《たかもり》と会見して江戸無血開城の道を開き、明治維新後は明治天皇の侍従《じじゅう》となり、厚い信任を得た。

その一方で彼は一刀《いっとう》流の優れた剣客《けんかく》であり、公務のかたわら剣術道場を開いた。さらに剣禅一如の境地を求めて参禅にはげみ、明治十三年（一八八〇）四十五歳のとき、大悟して天龍寺の滴水《てきすい》和尚から印可《いんか》を受け、あわせて無刀流を開いたのである。彼の言によれば、無刀とは「心の外に刀なしといふ事」であり、無刀流の極意とは「我体をすべて敵に任せ、敵の好むところに来るに随ひ勝つ」ことであるという。また鉄舟はあるとき、剣の極意とは「施無畏《せむい》」、すなわち不安や恐怖から人びとを解放して絶対的な安心感を与えることだと述べたという。

坐禅は、呼吸を整えて精神を安定させ、不動の心を保つところに要諦があるが、これらの剣士たちは、そこに剣術の究極の境地があるとみたのだろう。炭治郎も、「全集中の呼吸」の鍛錬のために坐禅（瞑想）に取り組んでいる（第五十話）。『鬼滅の刃』の舞台となっている大正時代に、呼吸や坐禅によって健康を保つ神通力を得るという、ユニークな健康法が催眠術や霊気療法とともに流行したことも考え合わせると、興味深い。

ちなみに、山岡鉄舟は一日に数百回も試合をこなす超人的な心身の持ち主で、周囲からは「鬼鉄」と評されたという。

山岡鉄舟　「武芸を講じ禅理を修練する」という実父の教えもあり、鉄舟は剣術と禅の修行に励んだ（福井市立郷土歴史博物館）

第四章

鬼と出会える聖地

——闇の民俗とパワースポットをめぐる

岩木山

——シャーマンに霊感を授けた津軽の鬼が住まう

青森県弘前市

◆赤倉が岳の麓は女性シャーマンの修行場

岩木山《いわきさん》は津軽富士とも呼ばれる津軽のシンボルだが、この山には鬼が棲んでいるとする伝説が古くからある。

岩木山を正確に解説すると、その山頂は大きく三つの峰に分かれていて、中心の主峰が岩木山（標高一六二五メートル）、その西南が鳥海山《ちょうかいさん》（一五〇二メートル）、北東が厳鬼山《がんきさん》（一四五六メートル）となっている。このうち鬼が棲むと伝えられているのは厳鬼山で、この峰は赤倉《あかくら》が岳、あるいはたんに赤倉とも呼ばれる。主峰からみて東北、すなわち鬼門に位置する場所である。

岩木山山頂を奥宮とする岩木山神社の別当寺であった百沢寺《ひゃくたくじ》（明治期に廃寺）の縁起

厳鬼山 古来より鬼が棲むとされ、「赤倉」は津軽の霊場として知られる(青森県弘前市)

(『岩木山百沢寺光明院』)によると、昔、岩木山には魍魎《もうりょう》精鬼《せいき》が棲み、人びとを悩ませていた。そこで近江国篠原の領主・花輪某が勅宣を受けて山に入り、錫《しゃく》杖《じょう》印《いん》と卍字旗で魍魎精鬼を降参させ(修験道《しゅげんどう》の祈禱《きとう》と密教の法力で調伏《ちょうぶく》したということだろう)、これを赤倉が岳に住まわせたという。

江戸時代後期の国学者・菅江真澄《すがえますみ》は寛政十年(一七九八)に津軽を旅した際、赤倉が岳に登っているが、「ここには鬼神がかくれすんでいて、時には怪しいものが峰をのぼり、ふもとにくだるという。その身の丈は相撲の関取よりも高く、やせくろずんだその姿を見た人もあるが、それを一目見ても、恐怖のあまり病のおこる者がある」と書き留めている（『菅江真澄遊覧記』の「外浜奇勝《そとがはま》」）。

赤倉が岳のふもと（つまり岩木山の東北麓）には、赤倉沢に沿っていつの頃からか堂舎や祠《ほこら》が建ち並ぶようになったが、その一帯は「赤倉霊場」と呼びならわされている。そこはカミサマとかゴミソなどと呼ばれる津軽の女性シャーマンの修行場で、彼女たちは赤倉の神から霊力を授けられたと称し、今も信者たちが祈禱や占いを頼みに訪れる。中央の勢力によって表舞台から排除されて隠れ棲むことになった赤倉の鬼神は、津軽のシャーマンたちの霊感の源泉として生き続けているのである。

◆赤倉の鬼を祀る鬼神社

赤倉霊場からさらに東方向へ十キロほどくだったところに、鬼神《き》社が鎮座している（弘前市鬼沢《おにざわ》菖蒲沢）。高照比女神《たかてるひめのかみ》を祭神とし、社伝によれば、延暦《えんりゃく》年間（七八二〜八〇六）に蝦夷《えみし》征伐のために遠征してきた坂上田村麻呂《さかのうえのたむらまろ》が創立した寺院がルーツで、もとは岩木山の北麓にあったが、のちに鬼神社を勧請《かんじょう》し、いつの時代からか現在地に遷ったという。「鬼神社を勧請した」ということからすると、鬼神社そのものはいつどのようにして創祀されたのかという疑問が生じる。ところが、じつは鬼神社は地元では「オニ神社」「オニガミサマ」とも呼ばれていて、今説明したものとは異なる、鬼に関連するつぎのような興味深い神社縁起も伝わっているのだ。

〈昔、村に弥十郎という正直でおとなしい農夫がいた。ある日、岩木山の赤倉へ薪《まき》伐りに入ったが、山中で見たこともない怖ろし気な大男に出会った。これが山の大人《おおひと》（鬼）であった。弥十郎はその後、大人とたびたび会って親しくなり、大人は弥十郎の家に薪をどっさり運んでくれた。さらには、田畑の開墾まで手伝ってくれた。

ところが、開墾地は水の便が悪く、たびたび渇水した。そこで弥十郎が大人に頼むと、一夜のうちに谷川の水があふれるほどに注ぎこまれた。あまりの不思議さに弥十郎が水源を尋ねると、赤倉が岳の谷間から、大石をくだいて水路を開き、灌漑の水を引いてくれたとのことだった。このことから、村の名は「鬼沢」と呼ばれることになった。

だが、弥十郎の妻がこの奇跡をいぶかり、大人の姿をこっそり覗き見しようとした。すると、大人は弥十郎に「おまえの妻に姿を見られると、神のお咎めを受ける。もうここには来ない」と言い、身につけていた蓑笠と鍬を投げ出して姿を消してしまった。

弥十郎はこれらの品を持ち帰り、堂を建てて鬼神社とした。〉（品川弥千江『岩木山』に

鬼神社　鬼沢地区には鬼神社のほかに、鬼が腰かけたと言われる樹齢700年の「鬼のカシワ」、鬼が相撲をとったと言われる「鬼の土俵」がある（青森県弘前市）

記載のものを要約）

つまり、鬼神社は赤倉が岳に棲んでいた鬼を神として祀っているのである。

この由来にもとづき、拝殿には鉄製の農具を飾った奉納額がいくつも掲げられている。また、鬼沢の集落には節分の豆まきをしない風習がある。

昭和三十年代に岩木山麓で発掘調査が行われた際、古代の製鉄遺跡が複数発見されたが、それらはいずれも赤倉側であった。大人＝鬼の正体については、製鉄や灌漑の技術を持った大陸からの渡来人ではないか、とするユニークな説も唱えられている。

奥三河

――夜を徹して行われる鬼の秘祭の里

愛知県北設楽郡東栄町・設楽町・豊根村

◆中世から伝承されてきた貴重な神事芸能

愛知県北設楽郡《きたしたら》の東栄町《とうえいちょう》・設楽町・豊根村《とよね》を中心とした奥三河《おくみかわ》と呼ばれる天龍川流域の山間地区は、夜を徹して行われる歌舞（神楽《かぐら》）を中心とした、「花祭《はなまつり》」という冬祭りを中世から伝えていることで有名だ。

花祭は昭和のはじめに柳田國男《やなぎたくにお》や折口信夫《おりくちしのぶ》、早川孝太郎らが注目したことで広く知られるようになり、民俗学や芸能史の研究者によって調査や研究が盛んに行われているのだが、この伝統的な神事芸能には、鬼が重要な役割を担って登場する。

奥三河以外にも隣接する静岡県や長野県の山村で花祭もしくは同系統の神事芸能が伝承されてきたが、奥三河（北設楽郡）にかぎると、現在はおよそ十五程度の地区で行われて

花祭　700年以上続く伝統的神事で、1976年に国の重要無形民俗文化財に指定されている（東栄町観光まちづくり協会）

いる（二〇二〇〜二〇二一年はコロナで中止）。

本来は旧暦の霜月（十一月）に行われるものであったが、明治に入ると正月に行われるようになり、近年では十一月から三月にかけて、地区ごとに順次行われるようになっている。かつては花宿《はなやど》と呼ばれる民家とその周辺を祭場として行うものだったが、現在は神社や公民館を祭場とする。

花祭のハナについては、稲の花を指すとか、鎮花祭《ちんかさい》の花、浄土に咲く蓮の花、あるいは花山院《かざんいん》を祀った花山祭《はなやままつり》の略称、ご祝儀のことなどといわれるが、定かではない。地元では花祭のことをたんにハナと呼んでいた。

◆乱舞する鬼が里に祝福と恩寵をもたらす

花祭の内容は盛り沢山で、地区ごとに違いもみられるが、その次第を概略してみる。

①神迎え（滝祓《たきばら》い、湯立《ゆだて》など）：土間に竈《かまど》を築いて釜をのせ、舞庭《まいど》（舞戸）とする。町村内の滝から採った水を釜でわかし、神々を舞庭に迎える。

②舞始め（楽《がく》の舞、市の舞、地固めなど）：注連縄《しめなわ》がはられた舞庭を、楽の舞、市の舞（一の舞）や地固めなどの祭事によって清め、舞の始めとする。

③舞（花の舞、三ツ舞、四ツ舞など）：三、四人が一組になって鈴や扇などを手にして舞いつづける。花の舞は最年少者の舞で、三ツ舞はその上の年代、四ツ舞はまたその上と、しだいに年齢があがってゆく。

④鬼（山見鬼《やまみおに》、榊鬼《さかき》、朝鬼など）：角の生えた鬼の面をかぶった者がつぎつぎに現れて乱舞する。主要な鬼は山見鬼（山割鬼《やまわり》）、榊鬼、朝鬼（茂吉鬼《もきち》）の三鬼で、これを役鬼《やくおに》という。山見鬼は鉞《まさかり》を振り上げて舞い、榊鬼は大地を踏み固める反閇《へんばい（へんべ）》を行い、朝鬼は槌《つち》をも

って釜に足をかけ、槌を釜に振りかざして「山割り」をする。祭のクライマックスである。⑤湯囃子《ゆばやし》：藁を束ねたタワシ（湯たぶさ）を持って舞い、最後は釜の中の湯を観衆に振りかける。この湯を浴びると一年を無病息災で過ごせるという。⑥神送り：勧請《かんじょう》した神々を送り返す神事を行い、祭場に静けさが戻る。

花祭に登場する鬼は、修正会《しゅしょうえ》の場合などと同じように、悪鬼ではなく、祝福と恩寵をもたらしてくれる祖霊のような存在である。山見鬼は悪魔を鉞で倒し、榊鬼は大地に新しい活力を吹きこみ、朝鬼は山割りによって宝物を取り出して村人に与えているのだ。花祭全体としては五穀豊穣、無病息災を祝い願う祭りとなっている。

花祭は特定の神社に伝承されてきた神事ではない。花太夫《はなだゆう》あるいは花禰宜《はなねぎ》と称する人を頭《かしら》とする、宮人《みょうど》と呼ばれる旧家出の人たちを中心にして祭祀集団が形成され、奥三河の住民たちによって連綿と継承されてきた、神事と芸能が絶妙に融合したたいへん貴重な行事である。

その起源は定かではないが、中世に修験者《しゅげんじゃ》がこの地に伝えた湯立《ゆだて》を中心とした霜月《しもつき》神楽がベースになって形成されたのではないかといわれている。また反閇は陰陽道《おんみょうどう》の呪術で

山見鬼　舞庭に最初に登場する役鬼。「テーホへ、テホへ」という掛け声とともに舞手と観客が一緒になって場を盛り上げる（東栄町観光まちづくり協会）

ある。乱舞する役鬼の姿は、漂泊をつづけながら里人に祈禱《きとう》やまじないをほどこした修験者や民間陰陽師のおもかげを宿しているのだろう。

『鬼滅《きめつ》の刃《やいば》』では、主人公・竈門《かまど》炭治郎《たんじろう》の生家・竈門家が「ヒノカミ神楽」という秘事を伝承し、それは一年に一度、正月に夜通し延々と舞い続ける過酷な歌舞だったということになっている（第百五十一話）。奥三河の花祭は、そんなヒノカミ神楽のモデルのひとつともいえそうである。

貴船神社と深泥池

——鬼の子孫が伝える古社と豆塚

京都市

◆貴船神社の社人・舌氏の先祖は牛鬼

京都洛北《らくほく》の貴船《きぶね》は山深い渓谷の地だが、ここに鎮座する古社が貴船《きふね》神社である（京都市左京区鞍馬《くらま》貴船町）。社伝のひとつによれば、神武《じんむ》天皇の母・玉依姫《たまよりひめ》が「黄船」に乗って淀《よど》川から賀茂《かも》川をへて貴船川をさかのぼり、川のほとりに上陸して一宇の祠《ほこら》を営んだのが起こりだという。

人里離れた幽邃《ゆうすい》の地にあるせいか、貴船神社は「鬼」との関わりが深く、『平家物語』「剣巻《つるぎのまき》」や謡曲『鉄輪《かなわ》』には、嫉妬深い女性が貴船の神に祈願して恐ろしい鬼女と化し、妬ましい相手を襲うという話が出てくる。

貴船神社の社人は鬼の子孫である、という話も伝えられている。そのことを記すのは、

貴船神社・奥宮　貴船山と鞍馬山に挟まれた、森林が鬱蒼とする山峡に鎮座する（京都市左京区）

「舌《ぜつ》」という名字の旧社家に伝来した『黄《き》船社人舌氏《ふねしゃじんぜつし》秘書』という文献である。この奇書はいまだ公刊されていないが、梅原猛氏の著書（『京都発見　三』）にその内容が紹介されているので、それを要約して引かせていただく。

〈昔むかし、天上からこの地に貴船の神々が天降ったとき、仏国童子《ぶっこくどうじ》という者もともに降った。天上のことは一切しゃべってはいけないという掟があったが、童子はこの掟を破ったため、貴船大明神は怒って童子の舌を八つに裂いた。童子は吉野山に逃げ込み、そこで五鬼などを従えていた。

　童子はやがて貴船山に帰り、山中の鏡岩に隠れていたが、これを知った貴船大明神

牛鬼　伝承の多くは牛の首をもち鬼の胴体をもつとされるが、蜘蛛の胴体をもつ姿が描かれているものもある（佐脇嵩之『百怪図巻』、国立国会図書館）

は、三年後、再び童子を召し返し、仕えさせた。あるとき、大明神が怒って童子を鉄の弓で射、また鉄の鎖で縛りつけようとしたが、童子はこれをかわし、百三十歳のときには、雷とともに天にのぼってしまった。

仏国童子から四代目の安国童子までは牛鬼の姿をしていたが、五代目から人間の姿になり、子孫代々、大明神に仕え奉った。また、先祖の苦難を忘れないために、名字を「舌」と名乗り、家紋には菱の中に八の字をもうけたものを使った。〉

貴船神社の社人・舌氏の始祖・仏国童子は、貴船大明神に従って天上から降臨した異形の鬼であったというのである。鬼が「童子」と名乗っている点には、酒呑童子《しゅてんどうじ》と通じるものがある。

貴船と鬼との関わりを示すものはまだほかにもあ

る。中世に成立した御伽草子《おとぎぞうし》『貴船の本地《ほんじ》』がそれで、宇多《うだ》法皇（八六七〜九三一年）の時、鞍馬山の奥にある鬼国の大王の娘が中将定平《ちゅうじょうさだひら》と契り、紆余曲折のうえ、最後は貴船の神になり、中将は客人神《まろうどがみ》になるという物語である。鞍馬寺のある鞍馬は貴船の東隣りであり、やはり山深い幽邃の地で、天狗の首領ともいえる魔王尊の本拠地である。京都の人びとは洛北の深山幽谷には鬼や天狗の住みかがあると想像していたのだろう。

◆深泥池の豆塚からわかる鬼が藤の花を嫌うわけ

貴船神社から南へ八キロほど下った場所に、深泥池《みぞろがいけ》という浅い池がある（京都市北区上賀茂）。鞍馬寺・貴船神社への参詣道である鞍馬街道のほとりにあり、「タクシーに乗る幽霊」の怪談の地として知られるが、鬼にまつわる興味深い伝説もある。

『京都民俗志』（一九三三年）によると、貴船の奥の谷と深泥池のほとりは地下の道でつながっていて、ときおり貴船の鬼がこの道を通って池のほとりの穴からはい出し、京洛に姿を現すことがあった。人が豆をたくさん投げこんでその穴をふさぐと、以後、鬼は現れなくなったという。このことにちなんで毎年、節分にはこの場所に炒り豆を捨てる風習ができ、そこは豆塚《まめづか》（魔滅塚）と呼ばれるようになったという。

深泥池　約9.2ヘクタールの池で、中央には浮島が存在する（京都市北区）

室町時代に編纂された百科辞典『壒嚢鈔《あいのうしょう》』（一四四六年成立）にも、深泥池（美曾路池）のほとりに鬼が棲む穴があったと書かれてあり、宇多天皇の時代、その穴を封じ、炒り豆で鬼の目を打ったのが節分の豆まきの起こりであるとしている。

深泥池の近くには、江戸時代に貴船神社の分社として建てられた深泥池貴船《きふね》神社がある。豆塚の跡は今でははっきりしていないが、このあたりにあっただのろうか。

『鬼滅《きめつ》の刃《やいば》』に登場する鬼はなぜか藤の花を極度に嫌うが（第六話）、藤はマメ科に属する植物で、その実は枝豆などと同じ鞘状である。野暮な詮索になるが、藤の花が咲き乱れる園は、鬼たちからすれば、大量の豆が撒き捨てられた巨大な豆塚のような悪夢めいた光景と映るのだろう。

八瀬の里

——天皇行幸に供奉した鬼の子孫の故郷

京都市左京区八瀬

◆延暦寺の麓にある鬼の里

京都市街の近くにも、鬼の子孫と称する人びとが暮らす里がある。

京都市街から大原をへて若狭に通じる街道筋にある八瀬《やせ》は、京都市街の中心部からおよそ十キロ、車なら三十分程度で行ける場所である。比叡山《ひえいざん》の西麓の溪谷に沿って細長く広がる山間の里だが、この地に古くから住む人たちは、成人であっても「八瀬童子《やせのどうじ》」と呼ばれ、鬼の子孫であることを代々公言してきたことで知られている。

江戸時代中期に編まれた『八瀬記』という八瀬に伝わる文書によれば、八瀬童子は比叡山の門跡《もんぜき》が閻魔王宮から帰るときに輿《こし》を舁《か》いてきた鬼の子孫だという。つまり、八瀬童子の先祖は、延暦寺《えんりゃくじ》の座主《ざす》が冥府を往来する際に輿をかついで供奉《ぐぶ》した鬼だというのであ

八瀬もみじの小径　ケーブル八瀬駅のすぐ横に広がる散策路。高野川にかかる鮮やかな紅葉が続く名所である（京都市左京区）

る。その姿は、密教僧に侍る護法童子《ごほうどうじ》や、陰陽師《おんみょうじ》が使役する式神《しきがみ》、役小角《えんのおづぬ》に仕える前鬼《ぜんき》・後鬼《ごき》を想起させる。

注記しておくと、この文書では、じつは「鬼」ではなく、わざわざ「鬼」という字が用いられている。八瀬童子の祖である鬼は、鬼といっても、角のない特異な鬼であることが含意されているのである。

話を戻すと、冥府を往来したというのは、延暦寺座主が行う死者の追善供養の法力を誇張したものだろうが、この由来譚を裏づけるように、八瀬の里は十一世紀には延暦寺領の荘園となっていた。そして中世には、八瀬の住民が、八瀬童子の名のもとに座主の駕籠《かご》や輿を担ぐ仕事（この役を負う者を駕輿丁《かよちょう》という）に従事していたのである。八瀬は京都側からの延暦寺の登山口にあたっていたので、駕輿丁は八瀬の住民には格好の仕事であったといえよう。

彼らは駕輿丁のほか杣《そま》役や牛飼童《うしかいわらわ》の役も担ったが、のちには朝廷にも駕輿丁として奉仕するようになり、天皇の行幸や法皇の御幸、勅使の発遣《はっけん》などにも供奉することになった。延元《えんげん》元年（一三三六）、後醍醐《ごだいご》天皇が反乱を起こした足利尊氏《あしかがたかうじ》に逐《お》われて比叡山に避難したとき、天皇の輿を担いで山を登ったのは八瀬童子であったとも伝えられている。

いわばその見返りとして、八瀬童子は年貢課役の免除という特権を与えられた。江戸時代に入ると八瀬は延暦寺領から離れたが、宝永《ほうえい》七年（一七一〇）からは一村まるごと禁裏《きんり》御料《ごりょう》となり、皇室の直轄領のような特別な扱いになっている。

◆昭和天皇の葬儀にも供奉した八瀬童子

八瀬の里の西北の山中に、「鬼《おに》が洞《ほら》」と呼ばれる洞窟がある。かつて八瀬の人びとは毎年七月十五日にはここに集まって念仏をとなえ、祖先の霊を供養したという。彼らの祖先である鬼が、はじめはここに住み着いたという伝承でもあったのだろうか。

じつは、この洞窟を比叡山を逐われた酒呑童子《しゅてんどうじ》が大江山《おおえやま》に逃れる前の一時、身を隠した場所とする伝承もあるのだが、先述の『八瀬記』はこれを誤りとし、八瀬童子は酒呑童子の子孫ではないとしている。自分たちが比叡山に奉仕する立場であることを誇りとしていたからだろう。

『八瀬記』が記す八瀬童子の由来はあくまで説話だが、それにしても、なぜ八瀬の人びとは鬼と結びつけられたのだろうか。

この問題についてはさまざまな見解があるが、宗教社会学者の池田昭氏は、八瀬の人びとが浄めや祓《はらえ》の機能を担った呪的カリスマの所有者とみなされていたからではないか、と論じている（『天皇制と八瀬童子』）。

江戸時代の諸書によると、八瀬の人びとは髪が総髪、すなわち月代《さかやき》を剃らぬざんばら髪で、言葉も京市中とは異なり、独特の風俗を有していたという。また、村民が一年ごとに交代で神主を務める宮座《みやざ》が古くから営まれていたという。

ふつうの人たちとは明らかに異なる習俗は、彼らを鬼の子孫とする伝承に説得力を与えるもので、また八瀬童子のカリスマ性を示すものでもあっただろう。早くから八瀬童子に注目した柳田國男《やなぎたくにお》氏は「鬼の子孫」という論考のなかで、八瀬童子はある神を奉じてこの

大正天皇崩御の頃の八瀬童子　伝承では最澄が使役した鬼の子孫とされる。駕輿丁として朝廷に出仕し、天皇や上皇の行幸、葬送の際に輿・霊柩を担いだ

地にやって来た集団であろうと指摘している。

八瀬童子は明治維新後も皇室と特別なつながりを保ち、八瀬の村民は三年もしくは四年交替で宮中に出仕し、東京の皇居で雑役に従事した。その制度は昭和の終戦頃まで続いたという。

近代になると当然、駕輿の仕事はほとんどなくなったが、天皇や皇族の葬儀では霊柩を奉舁《ほうよ》するという大役を担った。昭和天皇の大喪《たいそう》の礼に際しても八瀬童子会の人たちが葬列に供奉したことは、よく知られている。

大峰山・前鬼の里

——役小角に仕えた鬼の末裔が暮らす

奈良県吉野郡下北山村前鬼

◆大峰山に住み着いた前鬼と後鬼

役小角《えんのおづぬ》は斧《おの》を持つ前鬼《ぜんき》と棒を持つ後鬼《ごき》を弟子として従えたと伝えられているが、小角とこの二人の鬼のゆかりについては、つぎのような伝説が語られている。

〈小角が大峰《おおみね》山中の山上《さんじょう》ヶ岳《だけ》に修行におもむこうとしたおり、二人の鬼が現れて小角の命を奪おうとした。この鬼はじつはもとは大峰山麓に住む夫婦であった。ところが、八人の子供をつぎつぎに失い、愛着のあまり最後の子供の肉を食べてしまったがために鬼となり、山中に入って獣を食べ、命をつないでいたのだった。

しかし、二鬼は小角にあっけなく捕らえられ、さらには前非を悔い改め、これ以後はこの霊場を守り、修験者を守護することを小角に誓って、命を助けられた。以来、山上ヶ岳

への参詣者を助け、善に導くことを仕事とするようになった。〉

この伝説は江戸時代後期の小角伝にみえるものだが、修験道《しゅげんどう》のメッカである大峰山中には、この伝説を傍証するような集落がある。

ひとつは山上ヶ岳の西麓の洞川《どろかわ》集落（奈良県吉野郡天川《てんかわ》村洞川）で、全国から集まる修験者の宿場として発展したこの集落は、後鬼が住み着いた場所だという。

もう一つが山上ヶ岳の南方にそびえる釈迦ヶ岳（標高千八百メートル）の東麓にある前鬼集落（下《しも》北山《きたやま》村前鬼）で、こちらは前鬼が住み着いた地と伝えられている。

前鬼の里は大峰七十五

役行者像　大峰山（山上ヶ岳）は役行者が開いた修験道発祥の地で、現在でも修験道の道場としての威容を誇る（奈良県吉野郡天川村）

不動七重の滝　前鬼の下流にあり、修験者の道場としても知られる（奈良県吉野郡下北山村）

靡《なびき》と呼ばれる修行場の二十九番にあたり、平安時代中期ごろにはすでにひらかれていて、前鬼（と後鬼）の子孫と伝えられる五鬼熊《ごきぐま》（行者坊）・五鬼童《ごきどう》（不動坊）・五鬼上《ごきじょう》（中之坊）・五鬼継《ごきつぐ》（森本坊）・五《ご》鬼助《きじょ》（小仲坊《おなかぼう》）の五家がそれぞれ宿坊を営み、奥駈《おくがけ》修行の先達《せんだつ》を勤めてきた。

また、釈迦ヶ岳の南の平坦地に三十八番の宿である深仙宿《じんぜんのしゅく》があるが、ここは天台《てんだい》修験の本山《ほんざん》派（聖護院《しょうごいん》派）では、中《ちゅう》台《だい》の道場、大日如来《だいにちにょらい》の座としてとくに神聖視され、深仙灌頂《かんじょう》という秘法が行われる。かつてこの深仙宿の行者の山籠りを支えたのが、前鬼の五家であった。

さらに前鬼の近くにも、「裏行場」と

呼ばれる修行場があり、滝や洞窟、岩場をめぐる峻厳なコースが用意されている。

◆現在も前鬼の子孫が守り続ける秘境の宿坊

前鬼の子孫は明治時代の中頃までは五家ともに残っていたが、その後、一軒また一軒と去っていき、昭和二十五年（一九五〇）以降は、ただ一つ五鬼助（小仲坊）が残るのみとなった。小仲坊は、前鬼の子孫の血に連なる方によって現在も守られている。

大峰の北側の入り口にあたる吉野に、善城《ぜんき》という集落があるが（吉野郡下市町善城）、柳《やなぎ》田國男《たくにお》氏は、善城は前鬼のことであり、吉野修験道が盛んだった時代に前鬼の子孫がここまで移住してきたのだろうと論じている（「鬼の子孫」）。

『続日本紀《しょくにほんぎ》』は小角は鬼神《きじん》を使役して水汲みや薪採りをさせたと記しているが、その鬼神が前鬼・後鬼のルーツなのだろうか。あるいは、小角に連なる山伏によって馴化《じゅんか》された山の民というのが、彼らの原像であったのか。

鬼は恐ろしい異形の者とされながらも、あえてその子孫と称する人びとが、その血筋を誇りとしながら、修験道を支えて生き続けてきたことは、ある意味では驚きである。彼らの伝承には、権力や体制側の宗教や文化に翻弄された山の民が味わってきた苦難の歴史も

小仲坊　明治５年の修験道廃止令によって修験者が激減。それにともない宿坊は次々と前鬼を去り、残ったのは小仲坊だけとなった（奈良県吉野郡下北山村）

反映されているのだろう。同時に、偉大な開祖に仕えた先祖をもつという伝承が彼らのアイデンティティーとなり、彼らに特異なカリスマ性を与えてきたであろうことも想像できる。

前鬼の五家（五坊）のルーツについては、前鬼の子孫ではなく、小角が後事を託した五人の弟子、すなわち義真・義継・義上・義達・義元とする伝承や、小角にこの地に宿坊を営むよう命じられた弟子の義覚・義賢の夫婦の子供が前鬼五坊であるとする伝承もある。仮にそうだったとしても、小角の直弟子を任じて山野を跋渉《ばっしょう》した山伏は、周囲の人びとの目には、鬼のごとき異形・異能の超人に映ったことだろう。

高千穂・阿蘇

――神武天皇の一族に遂われた鬼八

宮崎県西臼杵郡高千穂町・熊本県阿蘇市

◆高千穂神楽の由来となったミケイリノの鬼八退治

『古事記』『日本書紀』によると、神武《じんむ》天皇（カムヤマトイワレビコノミコト）の三番目の兄は名をミケヌノミコトまたはミケイリノノミコトといった（以下、ミケイリノ）。

彼らは高天原《たかまのはら》から九州の高千穂《たかちほ》に降臨したニニギノミコトの曾孫にあたり、高千穂を宮としていたが、あるとき、都にふさわしい地を求めて九州を発ち、一族を率いて東方へ向かった。いわゆる神武東征で、最終的に大和に至って王朝を建てるのだが、その途次の熊野で一行は暴風雨に遭う。そしてこのときミケイリノは、もはやこれまでと思ったのか、海に身を投げて常世《とこよ》の国へ去ってしまった。常世の国とは、海の彼方にあると信じられた、神仙の住まうユートピアである。

記紀はこれ以後、ミケイリノについて何ら言及しないが、興味深いことに、彼の地元であり、また彼を祭神の一柱とする宮崎県の高千穂神社（西臼杵《にしうすき》郡高千穂町）には、その後に関する伝承が残されている。

それによると、海に入ったミケイリノは、故郷の高千穂に帰還していた。ところが、帰ってみると、故郷は鬼八《きはち》（鬼八法師）という荒ぶる鬼神《きじん》によって支配されていたのだった。そして鬼八は妖術を使ってミケイリノの帰還を妨げようとするのだが、ミケイリノはこれをかわし、鬼八がさらっていた美しい姫を救い、鬼八を退治して最後は切り殺し、遺体をバラバラにして埋めた。高千穂町に「鬼切畑《おぎりはた》」という地名があるが、そこは鬼八が追い詰められて斬られた場所だという。

しかし鬼八の霊は執念深く、埋葬後もうなり声をあげ、霜を降らせて農作物に被害を与えるなどしてしばしば里人を困らせた。そこで高千穂の人びとは毎年、人身御供をして霊を慰めた。だが戦国時代になると、少女を生贄《いけにえ》に捧げつづけるのはあまりに惨《むご》いということで、領主の指示で、人間の代わりに十六頭の猪を捧げることに変わったという。そして以後、この行事を「猪掛祭《ししかけまつり》」と呼ぶようになった。この祭りは今も高千穂神社で毎年旧暦十二月三日に執り行われている。

高千穂神楽　毎年11月から2月にかけて村々の氏神様を民家に迎え、夜神楽が奉納される（宮崎県西臼杵郡高千穂町）

鬼八の力石　鬼八がミケイリノに力自慢をした際に投げたと伝わる巨石（宮崎県西臼杵郡高千穂町）

高千穂といえば神楽《かぐら》の里としても有名だが、高千穂神楽はこの猪掛祭にルーツがあり、ミケイリノによって殺された鬼八の霊を鎮魂するための舞だ、とする伝えもある。

◆鬼八の霊を鎮魂する阿蘇の火焚神事

鬼八は熊本県の阿蘇《あそ》の伝説にも登場している。

阿蘇神社（阿蘇市一の宮町）の伝承によると、タケイワタツノミコト（阿蘇大明神）は鬼八を従者とし、弓の稽古をするときは、射た矢を鬼八に拾わせていた。ところがあるとき、タケイワタツが百本の矢を射たところ、鬼八は九十九本目まではまじめに拾っていたが、百本目で嫌気がさし、それを足の指ではさんで主人に投げ返した。タケイワタツが怒ると鬼八は逃げ出したが、結局追い詰められて討たれた。

ところがその後、鬼八の霊は阿蘇地方にしばしば霜を降らせて人びとを困らせた。そこで、タケイワタツは鬼八を神として祀ったという。

タケイワタツは神武天皇の皇子・カムヤイミミノミコトの子にあたる人で、伝説では大和から九州に派遣されたことになっていて、阿蘇大宮司《だいぐうじ》家の祖に位置づけられている。その彼が鬼八を祀ったことに由来するというのが、阿蘇市役犬原《やくいんばる》にある阿蘇神社の摂社・霜《しも》神社（霜宮《しものみや》）である。

この神社は、毎年八月から十月にかけて、「火焚《ひたき》神事」という特殊神事を行うことで知られる。ご神体を小屋に移して籠女《こもりめ》（火焚き乙女）に火を焚かせ、およそ二か月間、籠女は火を絶やさないよう火を焚きつづけるというもので、籠女は十二、三歳の少女が務めるならいになっている。火を焚くのは、首を斬られた鬼八が、痛む傷を暖めてほしいと頼んだからだと伝えられている。火焚神事もまた、高千穂神楽と同じように、鬼八の霊を鎮魂する役割を担っているのだろう。

鬼八の伝説には、降臨した天孫に比せられる覇権勢力が伸張する以前から高千穂や阿蘇地方に盤踞《ばんきょ》していた、山住みの先住民の歴史が寓意されているのではないだろうか。鬼八は鬼八法師とも呼ばれているので、九州の山中を遍歴した修験者《しゅげんじゃ》の姿も投影されているのだろう。

霜宮火焚神事　鬼八の霊を鎮め、霜の害を除き農作物を守るために、少女が火焚きを続ける神事（熊本県阿蘇市）

コラム4

竈門炭治郎と竈門神社

『鬼滅《きめつ》の刃《やいば》』ファン眷恋《けんれん》の「聖地」として、今や話題沸騰となっているのが、主人公・竈《かま》門炭治郎《どたんじろう》ゆかりの、福岡県太宰府市《だざいふ》にある宝満宮竈門《ほうまんぐうかまど》神社である。

もっとも、竈門炭治郎と竈門神社の現実の接点は、「竈門」という名前ぐらいだといわれているが、竈門神社の歴史をよく探ってみると、鬼や剣とのつながりも見えてくる。

竈門神社は宝満山（標高八二九メートル）の頂上に上宮《じょうぐう》が、山麓に下宮《げぐう》が鎮座し、玉依《たまより》姫命《ひめのみこと》を主祭神とする。宝満山は別名を竈門山というが、その名が示すように、山の姿が竈《かまど》の形に似ている。

そのはじまりは、社伝によれば、七世紀後半の天智《てんじ》天皇の時代にさかのぼる。このころ、現在の福岡県太宰府市に、九州一円を統括する大和朝廷の政庁として大宰府《だざいふ》という役所が改めて整備された。そしてそのとき、宝満山＝竈門山の上に八百万《やおよろず》の神が祀られた。これが竈門神社の起源であるという。

宝満山　太宰府市の北東にそびえ、修験道の聖地としてもあがめられてきた（福岡県太宰府市）

なぜ宝満山の地が選ばれたのかというと、その場所が大宰府からみて東北、つまり鬼が出入りする方角と信じられた鬼門に位置していたからであった。つまり、鬼門除けのために神々が祀られたのだった。平安京の鬼門として延暦寺《えんりゃくじ》が信仰されたり、江戸城の鬼門に寛永寺《かんえいじ》が建てられたりしたのと同じ理屈である。

要するに、竈門神社は鬼退治のために建てられた神社だったのだ。

奈良時代に入ると竈門神社では神仏習合がすすみ、中世・近世になると修験道《しゅげんどう》の霊場として大いに隆盛した。盛時には山内に三百七十坊がひしめいていたという。

宝満宮竈門神社　コロナ禍の令和で人気漫画『鬼滅の刃』の聖地として注目を集めるようになった（福岡県太宰府市）

さて、それでは、剣とのつながりはどうだろうか。

江戸時代初期に活躍した剣客《けんかく》・夢想権之助《むそうごんのすけ》は宮本武蔵のライバルであったことで知られるが、彼は宝満山にこもって神託を受け、神道夢想流という独創的な杖術《じょうじゅつ》を創案したと伝えられている。このゆかりを伝えるものとして、竈門神社の境内には、末社として権之助を祀る夢想権之助社がある。

竈門神社は鬼と剣を介しても、竈門炭治郎とつながっているのである。

《主要参考文献》

阿蘇惟之編『阿蘇神社』学生社、二〇〇七年
池田昭『天皇制と八瀬童子』東方出版、二〇一八年
井上頼寿『改訂　京都民俗志』平凡社東洋文庫、一九六八年
梅原猛『京都発見　三　洛北の夢』新潮社、二〇〇一年
梅原猛『天皇家の〝ふるさと〟日向をゆく』新潮文庫、二〇〇五年
大森曹玄『増補版　剣と禅』春秋社、一九七三年
沖浦和光『幻の漂泊民・サンカ』文春文庫、二〇〇四年
加藤敬『イタコとオシラサマ』学習研究社、二〇〇三年
小松和彦『妖怪文化入門』角川ソフィア文庫、二〇一二年
小松和彦『異界と日本人』角川ソフィア文庫、二〇一五年
小松和彦『鬼と日本人』角川ソフィア文庫、二〇一八年
小松和彦責任編集『怪異の民俗学　4　鬼』河出書房新社、二〇〇〇年
小松和彦責任編集『怪異の民俗学　5　天狗と山姥』河出書房新社、二〇〇〇年

小松和彦監修『日本怪異妖怪大事典』東京堂出版、二〇一三年
小松和彦・内藤正敏『鬼がつくった国・日本』光文社文庫、一九九一年
小松茂美編『日本絵巻大成19　土蜘蛛草紙　天狗草紙　大江山絵詞』中央公論社、一九八四年
小山聡子『もののけの日本史』中公新書、二〇二〇年
五来重『仏教と民俗』角川書店、一九七六年
五来重『続仏教と民俗』角川書店、一九七九年
近藤喜博『日本の鬼』講談社学術文庫、二〇一〇年
斎藤英喜『陰陽師たちの日本史』ＫＡＤＯＫＡＷＡ、二〇一四年
品川弥千江『岩木山』東奥日報社、一九六八年
新谷尚紀編『京都異界に秘められた古社寺の謎』ウェッジ、二〇二〇年
鈴鹿千代乃『神道民俗芸能の源流』国書刊行会、一九八八年
髙橋昌明『定本　酒呑童子の誕生』岩波現代文庫、二〇二〇年
田中貴子『百鬼夜行の見える都市』ちくま学芸文庫、二〇〇二年
筒井功『サンカの起源』河出書房新社、二〇一二年
堤邦彦『京都怪談巡礼』淡交社、二〇一九年

馬場あき子『鬼の研究』ちくま文庫、一九八八年
早川孝太郎『花祭』岩崎美術社、一九六六年
藤巻一保『安倍晴明』学研M文庫、二〇〇〇年
藤巻一保『日本呪法全書』学研パブリッシング、二〇一三年
松田広子『最後のイタコ』扶桑社、二〇一三年
宮家準編『山の祭りと芸能』（上・下）平河出版社、一九八四年
柳田国男『日本の昔話と伝説』河出書房新社、二〇一四年
湯本豪一『日本幻獣図説』河出書房新社、二〇〇五年
山下克明『陰陽道の発見』NHK出版、二〇一〇年
吉田禎吾『日本の憑きもの』中公新書、一九七二年
『歴史読本特別増刊　日本「鬼」総覧』新人物往来社、一九九五年
吾峠呼世晴『鬼滅の刃』（全二十三巻）集英社、二〇一六〜二〇二〇年

監修者略歴

飯倉義之（いいくら・よしゆき）

1975年、千葉県生まれ。國學院大學大学院修了後、国際日本文化研究センター機関研究員等を経て、現在、國學院大學文学部准教授。専門分野は口承文芸学、現代民俗論。怪異・怪談、妖怪伝承に造詣が深く、妖怪をこよなく愛し、研究室は全国で集めた妖怪グッズであふれている。共著に『猫の怪』（白澤社）、共編著に『ニッポンの河童の正体』（新人物往来社）、『日本怪異妖怪大事典』（東京堂出版）、共監修に『京都・江戸 魔界めぐり』（NHK出版）、『日本の妖怪』（宝島SUGOI文庫）などがある。

＜本文執筆＞

古川順弘（ふるかわ・のぶひろ）

1970年、神奈川県生まれ。早稲田大学第一文学部卒業。宗教・歴史分野を扱う文筆家・編集者。『人物でわかる日本書紀』（山川出版社）、『古代神宝の謎』（二見書房）、『仏像破壊の日本史』（宝島社）ほか著書多数。

【写真提供】
加藤敬、京都大学附属図書館、クリーブランド美術館（米）、公益財団法人阪急文化財団逸翁美術館、国際日本文化研究センター、国立国会図書館、国立文化財機構所蔵品統合検索システム、佐川町教育委員会、島根県立古代出雲歴史博物館、写真AC、泉屋博古館、東栄町観光まちづくり協会、東京国立博物館、奈良県下北山村、阪急文化財団、兵庫県三木市、福井市立郷土歴史博物館、古川順弘、ライデン国立民族学博物館（蘭）、Adobe Stock

鬼と異形の民俗学

漂泊する異類異形の正体

2021年7月20日　初版第1刷発行

監修者　飯倉義之
発行者　江尻 良
発行所　株式会社ウェッジ
〒101-0052 東京都千代田区神田小川町1丁目3番地1
NBF小川町ビルディング3階
電話 03-5280-0528　FAX 03-5217-2661
https://www.wedge.co.jp/　振替00160-2-410636

装幀・組版　辻 聡
印刷・製本　株式会社暁印刷

＊定価はカバーに表示してあります。
＊乱丁本・落丁本は小社にてお取り替えいたします。

ISBN978-4-86310-238-5　C0021